ALPES HAUTES
GAP
HAUTE-PROVENCE
ALPES-DE-
ITALIEN
Seealpen
Vaison-la-Romaine
Sisteron
Mont Ventoux
1912
Château-Arnoux
DIGNE
des Cèdres
Carpentras
Rochers des Mées
Fontaine-de-Vaucluse
Roussillon
Apt
Durance
Moustiers-Ste-Marie
Castellane
ALPES MARITIMES
Menton
La Turbie
Cap Martin
Eze
Monte Carlo
MONACO
Cap Ferrat
Bonnieux
Cavaillon
Lubéron
1125
Lourmarin
Mérindol
Cadenet
Trigance
Gorges
Verdon
Logis-du-Pin
Tourrettes-sur-Loup
Vence
St-Paul
St-Vallier-de-Thiey
Cagnes-sur-Mer
NIZZA
Grasse
Biot
Vallauris
Antibes
Valbonne
PROVENCE
VAR
DRAGUIGNAN
Cannes
Lérins-Inseln
de Provence
Aix-en-Provence
BOUCHES DU RHÔNE
St-Maximin
Brignoles
Port la Galère
Esterel
Fréjus
Golf v. Fréjus
Côte d'Azur
Ste-Maxime
Grimaud
St-Tropez
Massif des Maures
Cogolin
Port-Grimaud
Ramatuelle
Cap Camarat
Chaîne de l'Estaque
MARSEILLE
Cassis
La Ciotat
Les Calanques
Cap Canaille
Bandol
Toulon
Bendor
La Seyne
Le Lavandou
Presqu'île de Giens
Hyères-Inseln
TELMEER

GOLDENES SÜDFRANKREICH

GOLDENES SÜDFRANKREICH

Provence, Côte d'Azur, Camargue
Languedoc und Roussillon

Texte von Leopoldo Jaumonet
Aufnahmen von Dieter Herbrecht

Bruckmann München

Umschlag/Vorderseite:
Der Hafen von St.-Tropez

Umschlag/Rückseite:
Arlesierinnen in ihren alten Trachten

2. Auflage 1982

Herstellung: F. Bruckmann KG, München
Graphische Kunstanstalten
Printed in Germany
ISBN 3 7654 1797 1

Inhaltsverzeichnis

Vorwort

Das vorliegende Buch über den Süden Frankreichs stellt weder ein vollständiges Verzeichnis der Städte und Landschaften dar, noch ist es ein Nachschlagewerk für Statistikliebhaber. Es will vielmehr eine Einladung zur Reise sein, ein beratender Freund, ein Führer, der Wünsche weckt, aber dem Leser die Entscheidung über seine Routenwahl nicht vorwegnimmt. Mit anderen Worten, Texte und Bilder geben vor allem Anregungen.

Es mag vermessen erscheinen, in einem Buch von 150 Seiten ganz Südfrankreich erfassen zu wollen. Dies war nur möglich um den Preis des Verzichts, und die Wahl war für den Autor oft schmerzlich. Gemeinsam haben die unter Ludwig XI. französisch gewordene Provence, das seit dem 13. Jahrhundert zu Frankreich gehörende Languedoc und das katalanische Roussillon die Sonne, das Mittelmeer, historische Erinnerungen und, bis zu einem gewissen Grad, auch die Lebensanschauung und die humanistische Prägung. Sie unterscheiden sich jedoch durch ihre geographischen und wirtschaftlichen Eigenarten und durch die politische Entwicklung vor der endgültigen Integration in das französische Gemeinwesen. Zwar werden diese Unterschiede in dem Buch berücksichtigt, mehr Wert jedoch wird auf das Gemeinsame als auf das Trennende gelegt. Schon ihre gemeinsamen griechischen und römischen Traditionen, von denen später ganz Frankreich profitiert hat, stellen eine »Einheit der Zivilisation« dar, deren Einfluß in den Städten und auf dem Lande weiterlebt. Sie prägt bis heute ihre Bewohner, trotz der Bevölkerungsmischungen, die diese Regionen im Lauf der Geschichte durchgemacht haben.

Auf die Entdeckung des Südens durch ein exklusives Publikum, zu dem Literaten und Maler ebenso gehörten wie der Hoch- und Finanzadel, folgte der Strom der Touristen. Vorhandene Klischees wurden durch neue abgelöst. Die Alltäglichkeit hat sich über das Traumhafte gelegt. Der Midi von Alphonse Daudet, Paul Arène oder Jean Giono verschwimmt allmählich hinter dem Midi des modernen Ferienkomforts. Das romantische Marseille eines Marcel Pagnol wird zeitweise überdeckt von jenem der French Connection. Und die anziehende Atmosphäre der Paläste der Belle Epoque läßt sich in den 5-Sterne-Hotels von heute kaum noch finden. An diesen Veränderungen konnte in dem Buch nicht vorübergegangen werden.

Nicht zu übersehen ist aber auch, daß die alte Romantik durch eine neue ersetzt wird. Politische, künstlerische und sportliche Größen haben die russischen Prinzen in den Spielsälen von Monte Carlo abgelöst und füllen an ihrer Stelle die Klatschspalten. Während sich die Badeorte der Côte d'Azur mit Sommergästen füllen und sich an der fröhlich lärmenden Betriebsamkeit berauschen, nimmt das Leben in den manchmal nur wenige Kilometer von der Küste entfernten Dörfern weiter seinen ruhigen Verlauf in einer fast ursprünglichen Umwelt. Neue Kunsthandwerkszentren entstehen; an den Stränden des Languedoc wachsen funktionelle Seebäder und Yachthäfen in einem futuristischen Rahmen. In den klassischen Kunststädten wecken neu geschaffene Fußgängerzonen beim Besucher wieder die Lust am Flanieren. Und in Sète schmecken die Austern und Muscheln trotz der vielbeklagten Umweltverschmutzung nach wie vor köstlich. Der Schatten Rabelais' huscht noch immer durch die Altstadtviertel Montpelliers und jener des Nostradamus durch Salon.

In dieser unerhörten Vielseitigkeit des Midi, wo Vergangenes und Gegenwärtiges, Tradition und Moderne sich überlagern, aufeinanderstoßen und sich verbinden, wo Griechen, Römer, Westgoten, Sarazenen, Santiagopilger, Katharer, Troubadoure, mäzenatische Päpste, jüdische und lombardische Bankiers, katalanische Architekten, Statthalter Ludwigs XIV., Revolutionäre und napoleonische Soldaten ihre Spuren hinterlassen haben, bleibt die Aufgeschlossenheit der liebenswürdigen Bewohner für neue Ideen und individuelle Lebensformen immer erhalten. Das beweisen so unterschiedliche Namen wie Petrarca, Simone Martini, Le Corbusier, Picasso, Chagall oder Vasarely, die neben vielen anderen hier wirken konnten. Wenn dieses Buch bei dem Betrachter und Leser die Liebe zu dem sich trotz aller Wandlungen immer treu gebliebenen Midi wecken könnte, wäre sein Ziel erreicht.

Leopoldo Jaumonet

Diese Palmenallee vor dem Hintergrund des blauen provenzalischen Himmels erinnert an die Säulenreihen im pharaonischen Ägypten.

In den Süden auf der Route Napoléon

Heimlich verließ Napoleon, begleitet von achthundert Männern seiner Garde, die Insel Elba, auf die er nach seiner Abdankung verschickt worden war, und landete am 1. März 1815 in Golfe-Juan. Nachdem er die Garnison von Antibes nicht für seine Sache gewinnen konnte und der kühle Empfang in Cannes ihn enttäuscht hatte, verzichtete er darauf, das Rhonetal hinaufzumarschieren. Statt dessen wählte er die Alpenroute über Grasse, Castellane, Digne, Sisteron und Gap bis Grenoble. Das ist der historische Verlauf des Weges, der 1932 unter dem Namen Route Napoléon fertiggestellt und dem aus dem Norden kommenden Provencereisenden angeboten wurde als Alternative zu der traditionellen Route durch das Rhonetal, auf der heute die Touristenströme das Hinauf und Hinab der Krieger von einst ersetzt haben. Allerdings darf man nicht glauben, daß man auf der Route Napoléon einsam reisen kann. Im Sommer sind auch hier Stauungen nicht selten, und ab sechs Uhr abends hängt an jedem Hoteleingang das Schild »Complet« (belegt). Der Reisende tut daher gut daran, seine Etappen im voraus zu organisieren. Diese Strecke verleitet nicht dazu, Kilometer zu verschlingen. Ihre schönen und packenden Landschaften, die gastronomischen Verlockungen und die reizenden Dörfer am Rande verführen weit mehr zum Trödeln.

Sie haben eben das kühle und strenge *Gap,* umgeben von Bergketten, die lange Schatten auf die Stadt werfen, verlassen. Die Straße führt allmählich hinab zur Durance, deren Wasser im Mai noch das Glitzern des Eises mit sich zu führen scheint. Auf der linken Seite erblickt man in der Ferne die letzten Ausläufer der bis in den späten Frühling hinein mit Schnee bedeckten Alpengipfel. Die Provence wirkt endlos weit entfernt. Und dann, völlig unerwartet, am Ende einer geraden Straße, die am rechten Flußufer entlangläuft, kommt *Sisteron* in Sicht, dessen ockerfarbene Zitadelle das ganze Tal beherrscht. Sisteron, »Schlüssel und Tor zur Provence«, ist eine Stadt in Janusgestalt, deren nördliches Gesicht von den Nordostwinden der Dauphiné umbraust wird und deren nach Süden gerichtete Seite sich in der Sonne des Midi, wie die Franzosen den Süden nennen, erwärmt. »Ein Land hört auf, ein anderes beginnt«, hat man gesagt.

Die strategische Lage hat der Stadt im Lauf der Jahrhunderte ein bewegtes Leben beschert. Zwischen dem fünften und zehnten Jahrhundert von Horden von Eindringlingen heimgesucht, fast hundert Jahre von den Sarazenen besetzt, die 974 vertrieben wurden, 1481 in das Königreich Frankreich eingegliedert, war Sisteron während der Religionskriege im 16. Jahrhundert Schauplatz der gnadenlosen Kämpfe zwischen Katholiken und Protestanten. Weitere Geißeln waren Epidemien wie die Cholera und die Pest, die 1348 die Bevölkerung um die Hälfte dezimierte. Und schließlich mußte die Stadt am 15. August 1944 ihre letzte Prüfung durchmachen: ein sinnloser Bombenangriff tötete 400 Menschen und zerstörte ein Fünftel der Häuser. Heute, da die Wunden geheilt sind, wird diese kleine Stadt, »die Perle der Haute-Provence«, wie sie das örtliche Fremdenverkehrsamt nennt, von vielen Durchreisenden besucht. Man findet hier eine angenehme, bereits an den Süden gemahnende Aufnahme, eine gute, besonders für ihre Lammgerichte berühmte Küche (Sisteron besitzt einen der größten Schlachthöfe für Lämmer in Frankreich), eine Altstadt, die mit ihren Häusern aus dem 12. Jahrhundert, den überwölbten Durchgängen zwischen den malerischen Gäßchen zuweilen an Siena erinnert, eine Zitadelle, in deren massivem Hauptturm Johann Kasimir Wasa, der zukünftige König Polens, 1639 auf Befehl Kardinal Richelieus sieben Monate lang gefangengehalten wurde, und im Juli ein Musikfestival im toskanisch anmutenden Rahmen des Klosters Saint-Dominique.

Die meisten Touristen verbringen hier nur die Nacht. Das ist bedauerlich, denn es läßt sich kaum eine bessere Einführung in die Provence finden als diese erste Fühlungnahme mit Sisteron, wo die grüne Weite der Dauphiné endet und die ersten Olivenbäume in Erscheinung treten. Sicher, das ist noch nicht die sanfte Schönheit der Grafschaft Venaissin. Die Landschaft um Sisteron ist wilder, männlicher, weniger weich gestaltet als jene. Dafür duftet sie besser, ist ganz eingehüllt in den Wohlgeruch des Lavendels. Haben Sie Zeit, Ihren Aufenthalt in Sisteron zu verlängern, und kommen zur Marktzeit auf den Place de la République, dann erleben Sie bereits das bunte Treiben eines südlichen Marktes. Der Platz ist übersät mit zeltbedachten Ständen und bunten Sonnenschirmen. Gelb und Rot herrschen vor, und aus der Höhe der Zitadelle gesehen meint man, eine große spanische Fahne zwischen den alten, ziegelgedeckten Häusern flattern zu sehen. Und bevor

Blick von der Zitadelle in Sisteron. Rechts das Felsmassiv de la Baume, einer der Türflügel des »grandiosen Tores zwischen der Dauphiné und der Provence«.

Folgende Seiten:
S. 10/11 *Wie die geniale Farbkomposition eines Malers wirken die ausgedehnten Lavendelfelder um Sisteron und Digne. Ab Ende Juli beginnt die Ernte der violetten Blüten, die zu Parfumessenzen verarbeitet werden.*

Einer der Steinlöwen vor der Kathedrale Notre-Dame-du-Bourg (12./13. Jh.) in Digne.

Aus dem Tal der Durance erhebt sich bis zu 100 Meter die bizarre Felsengruppe der Pénitents des Mées. ▷

Folgende Seiten:
S. 14 Wer einen kleinen Anstieg auf die umliegenden Hügel nicht scheut, kann einen herrlichen Blick auf die Fayencestadt Moustiers mit ihrem vierstöckigen lombardischen Glockenturm der Pfarrkirche genießen.

S. 15 Auf der 21 km langen Strecke durch den Grand Canyon du Verdon eröffnen sich großartige Panoramen von beeindruckender, wilder Schönheit.

man den Aperitif in einem der Cafés an der Avenue Paul Arène zu sich nimmt, sollte man unbedingt die Kathedrale besuchen. Sie ist ein bemerkenswertes Beispiel des provenzalischen romanischen Stils, mächtig und streng, mit einem schönen, skulpturenreichen Portal. Im Innern hängen einige interessante Gemälde der provenzalischen Schule aus dem 17. und 18. Jahrhundert. Halten Sie jedoch genügend 1-Franc-Stücke bereit, denn der Beleuchtungsautomat dieser besonders dunklen Kirche verlangt jede volle Minute nach neuem Futter, was den Pfarrer sicher erfreut, den Besucher aber reichlich nervös macht.
Elf Kilometer nach Sisteron, bei Château-Arnoux, lassen wir die Straße nach Marseille rechts liegen und überqueren die Durance. Sie fließt hier so harmlos und friedlich dahin, daß es schwerfällt, dem Bericht des Livius zu glauben, sie sei für die Römer einer für die Durchquerung schwierigsten Flüsse Galliens gewesen. Von fern schauen die »Pénitents des Mées« (Büßer von Mées) herüber, eine bizarre, wie kapuzenbedeckte Posten aussehende Felsengruppe, die das Tal zu überwachen scheint.
Es sind nun keine zwanzig Kilometer mehr bis *Digne,* der Alpenhauptstadt des Lavendels und der Heimat des Pierre Gassendi (1592–1655), eines Philosophen, Mathematikers und Physikers, der mit Galilei in Verbindung stand. Seine Statue erhebt sich auf dem Boulevard, der seinen Namen trägt. Wie alle Städte der Provence hatte auch Digne unter den Religionskriegen und der Pest zu leiden. Heute hat die Stadt 16000 Einwohner und lebt hauptsächlich vom Tourismus und

vom Lavendel und teilt sich in die untere und die hochgelegene Altstadt. Letztere hat außer dem wehrhaften Glockenturm der Kathedrale Saint-Jérome nichts Bemerkenswertes zu bieten. Die untere Stadt jedoch verdient einen Aufenthalt: wegen ihres Museums, das schöne Ansichten der Provence zeigt, wegen des Brunnens La Grande Fontaine, der völlig vom Moos überdeckt ist, und vor allem wegen der alten Kathedrale Notre-Dame-du-Bourg, die verlassen und abseits beim städtischen Friedhof zwischen laubreichen Bäumen steht. Es ist eine typisch provenzalische Kirche mit Akanthusblattverzierungen auf den Kapitellen und einem schönen, in schwarzen und weißen Steinen gebauten lombardischen Portal, bewacht von zwei alten Steinlöwen, die die Jahrhunderte von der Last der Säulen befreit haben, die sie einmal auf ihren Rücken trugen. Will man das Innere der Kirche sehen, muß man den Schlüssel beim Friedhofswärter verlangen. An den Wänden kann man die Überreste der stark zerstörten Fresken sehen, die die sieben Todsünden dargestellt haben.

Ist Sisteron das Tor zur Provence, dann ist Castellane dasjenige zu den *Gorges du Verdon,* oder zum Grand Canyon du Verdon, wie diese gewaltige Felsschlucht auch genannt wird. Ihre schwindelerregenden Abgründe tauchen zwischen 300 und 700 Meter hinab zu einem gewundenen Wildbach, dem Verdon. Eine Straße erschließt diese ungeheure Landschaft, deren wilde Schönheit einmalig sein dürfte in Europa. Schmal und kurvenreich windet sie sich hinauf von Aussichtspunkt zu Aussichtspunkt und eröffnet eine Folge von außergewöhnlichen Ausblicken in diese überwältigende Schlucht, besonders

beim sogenannten Tunnel von Fayet und der Falaise des Cavaliers. Für den Reisenden, der starke Eindrücke sucht und den steile Abgründe nicht ängstigen, wird die Corniche (Aussichtsstraße) auf der linken Flußseite eine Freude sein; wer es jedoch weniger aufregend liebt, sollte die sanftere rechte Seite wählen, die ebenfalls großartige Ausblicke bietet, deren schönster La Maline ist. Die beiden Straßen trennen sich etwa zwölf Kilometer nach Castellane und vereinen sich wieder kurz vor *Moustiers-Ste.-Marie,* einer kleinen Stadt, höchst eindrucksvoll am Fuß einer tiefen Felsenschlucht gelegen, in der sich nach altem Aberglauben vor nicht allzu langer Zeit noch Feen und Kobolde ein nächtliches Stelldichein gegeben haben sollen. Das liegt ganz auf der Linie dieser alten, geheimnisvollen und legendenumwobenen Provence, die unter ihrem klaren blauen Himmel so fruchtbar ist im Hervorbringen von Wundern.

Moustiers verdankt seinen Namen einer Klostergründung der Mönche von Lérins »Monasterium« um die Mitte des 5. Jahrhunderts. Nach der Zerstörung durch die Sarazenen siedelten sich im 12. Jahrhundert wieder die Mönche von Lérins an. Berühmte Edelleute, Chevaliers, gründeten hier ihre Höfe, und Moustiers wurde zum großen Anziehungspunkt für die Troubadoure. Einem jener Edelleute, einem Chevalier de Blacas, verdankt Moustiers – wenn man der Legende glauben will – das luftigste und extravaganteste ex voto, das wir kennen: einen goldenen Stern, der an einer 227 Meter langen Kette hängt, die sich hoch oben von Felswand zu Felswand über die bereits beschriebene Schlucht spannt. Nach langer Gefangenschaft von einem Kreuzzug heimgekehrt, soll sie der fromme Chevalier zum Dank für seine Befreiung in den Felsen befestigt haben.

Am bekanntesten aber ist Moustiers für seine Fayencen mit ihrem berühmten »Blau« und der weißen Glasur. Das Geheimnis ihrer Herstellung soll von einem aus Italien kommenden Geistlichen nach Moustiers gebracht worden sein. Ihre Blütezeit erlebte die Fayenceherstellung von der Mitte des 17. Jahrhunderts bis Ende des 18. Jahrhunderts; danach setzte eine Degeneration ein. Immer mehr Werkstätten mußten schließen, und 1873 hörte die Produktion gänzlich auf. Heute läuft sie wieder, ist jedoch ganz dem Geschmack und den wirtschaftlichen Notwendigkeiten unserer Zeit angepaßt. Für die kostbaren alten Fayencen Moustiers' hat man 1929 ein Museum eingerichtet, das seit 1978 in der romanischen Krypta der Pfarrkirche untergebracht ist. Die Pfarrkirche Moustiers' ist ein eigenartiges Bauwerk, deren romanisches Schiff sich nach oben erweitert und mit dem gotischen Chor einen schrägen Winkel bildet. Sie entstand an der Stelle einer früheren, präromanischen Kirche, die vielleicht Karl der Große erbauen ließ. Nach einer volkstümlichen Legende soll er ein Wohltäter Moustiers' gewesen sein.

Vom südlichen Tor der Kirche führt ein alter, holpriger und schottriger Weg seitlich der Felssteilwand hinauf zu Notre-Dame-de-Beauvoir, einer teils romanischen, teils gotischen Kapelle, die von einem gedrungenen Turm überragt wird, dessen 800 Kilogramm schwere Glocke »feierlich erschallt, ohne die heitere Ruhe des Landes zu stören«. Es ist ein Wallfahrtsort bereits seit dem Mittelalter, und jährlich, am 8. September, versammeln sich hier immer noch viele Gläubige.

Die Rundfahrt Castellane–Moustiers–Castellane führt unterhalb des Dorfes *Trigance* vorbei, das von einem Schloß aus dem 11. Jahrhundert gekrönt wird. In diesem, so liest man in einem Legendenführer der Provence, der sich wiederum auf ein altes Manuskript beruft, soll ein Schatz der Templer verborgen sein. Aus dem mittelalterlichen Gemäuer wurde ein komfortables Hotel gemacht, das wegen seiner ruhigen und ein schönes Panorama bietenden Lage wie auch für seine Küche empfohlen wird. Das unterhalb gelegene Dorf wurde, wie so viele der Provence, von den Einheimischen mehr und mehr verlassen. Der alten Steinhäuser haben sich reiche Städter bemächtigt, haben sie restauriert und zu ihrem zweiten Wohnsitz gemacht. In Trigance ist die Luft rein, das Brot wird noch auf Holzfeuer gebacken, und geschickte Mädchenhände weben schöne Tuchwaren.

Von dem Ausflug zu den Gorges du Verdon kurz vor Einbruch der Nacht nach *Castellane* zurückgekehrt, findet man das Städtchen sehr lebhaft vor. Einheimische und Touristen bevölkern um diese Zeit den Mittelpunkt des Ortes, den Platz Marcel Sauvaire, um hier auf der Terrasse eines Cafés etwas zu trinken. Wollen Sie das gleiche tun, dann denken Sie daran, daß hier auch im Sommer die Abende kühl sind. Ist es dunkel, wird die Kapelle Notre-Dame-du-Roc beleuchtet, die in luftiger Höhe auf einer gewaltigen Felsnase über Castellane sitzt, auf der sie nachts zu schweben scheint. Fahren Sie nicht weg aus Castellane, ohne vorher einmal zu ihr hinaufgestiegen zu sein. Ein Pfad führt Sie in etwa dreißig Minuten hin. Von hier aus haben 835 die geflüchteten Einwohner die Sarazenen in Richtung Grimaud vertrieben.

Von Castellane sind es sechzig Kilometer bis *Grasse.* Die Straße steigt, fällt, steigt wieder an, macht Schleifen, durchquert Grasland, führt durch malerische Täler und eröffnet nach Pas de la Faye (980 m) hier und da schöne Ausblicke auf das Meer. Wenn uns in Logis-du-Pin, einer alten Poststation, und in Saint-Vallier-de-Thiey Gedenksäulen weiter an Napo-

Die romanisch-gotische Kapelle Notre-Dame-de-Beauvoir in Moustiers.

Folgende Seiten:
S. 18/19 Mit den dicht belaubten, schattenspendenden Bäumen, der unwiderstehlichen Mischung von Farben und Gerüchen ist der Markt von Grasse in der winkligen Altstadt Ausdruck der für den Süden Frankreichs charakteristischen »Lebensqualität«.

leon erinnern, bedauert man, daß es keine Verkaufsstände mehr gibt, wie zwischen Digne und Castellane, an denen man sich mit dem schmackhaften Honig der Provence und dem mit Pfeffer und Thymian gewürzten Schinken versorgen kann. Aber Grasse bietet dafür seine Parfüme an, die Tag und Nacht in den Fabriken destilliert werden. Wie es heißt, ist die Parfümindustrie durch den Florentiner Tamburelli auf Wunsch von Katharina von Medici in Grasse eingeführt worden. Und das ist wahrhaftig nicht der einzige italienische Einfluß, der sich in Grasse bemerkbar macht. Die Straßen der Altstadt – eine der malerischsten der Provence – erinnern häufig an jene Genuas, und mit Genua unterhielt die Stadt vom 12. Jahrhundert, als sie sich zur Republik erhob, bis zur Vereinigung mit der Grafschaft Provence 1226 enge und ausgezeichnete Beziehungen. Heute wird die Altstadt vorwiegend von Algeriern und Marokkanern bewohnt. Und so sagen die Bewohner der oberen, neuen Stadt, wenn sie in die Altstadt gehen, »ich gehe hinunter zur Medina«. Es ist wohl wahr, daß in einigen Straßen das nordafrikanische Element überwiegt, aber in anderen gesellen sich auch Portugiesen, Spanier und Italiener dazu. Die Einheimischen sind um den Place aux Aires konzentriert, der mit seinem Brunnen, den Platanen und den Arkaden ein sehr mediterranes Antlitz zeigt. Am Tag sehr belebt und geschäftig, ist er am Abend ruhig und voller Zauber und nachts ein wenig beunruhigend. Am Morgen, wenn der Markt von ihm Besitz ergreift, riecht er nach Käse, Wurstwaren und Fisch, und am Nachmittag, wenn sich die Blumenhändler breitmachen, hüllt er sich in den Duft der Nelken und Mimosen. Fällt die Nacht herein, verbreitet sich auf ihm ein Geruch nach Gebratenem und Crêpes.

Von oben herab, von der »neuen Stadt« täglich mehr bedrängt, bekommt die Altstadt, besonders dort, wo sie nicht ihre architektonischen Schönheiten und die Bedeutung ihrer Vergangenheit zeigt, etwas Gettohaftes. Mit ihren Gassen, deren Namen Handwerker- und Handelstraditionen heraufbeschwören, von denen meistens nur die Erinnerung geblieben ist, mit den traurigen Häusern, die einmal reich waren, mit den überwölbten Durchgängen, die in eine Sackgasse münden, und den schlecht beleuchteten Plätzen, über die nachts nur Schatten zu huschen scheinen, ist sie der richtige Ort für Bewunderer des malerisch Morbiden. Und dann, unerwartet zwischen der Monotonie der heruntergekommenen Fassaden, erscheint ein Lichtstrahl, das schillernde Schaufenster eines tunesischen Lebensmittelgeschäfts, ertönen die lebhaften Stimmen aus einer Pizzeria, die lärmende Fröhlichkeit der Dominospieler in einem spanischen Café. Hier stößt man auf das Haus der Bibel mit verstaubter Auslage, dort blinkt die Leuchtreklame des Restaurants »El Kheima«, wo Moustache ein ausgezeichnetes Couscous serviert, etwas weiter lädt die Hellseherin Malvina mit großem Plakataufwand dazu ein, ihren Weissagungen zu folgen. Ein paar dunkle, menschenleere Gassen weiter kommt man auf den Vorplatz der alten Kathedrale Notre-Dame, deren schöne lombardische Fassade über einer doppelten Treppe aus dem 18. Jahrhundert in goldenes Licht getaucht ist. Links erhebt sich der quadratische Turm des Rathauses, der mit Hilfe der Scheinwerfer vorgibt, schlank zu sein. Morgen, wenn Sie ihn am Tage wiedersehen, wird er Ihnen schwer und massiv erscheinen. Die ganze Altstadt wird Ihnen weniger geheimnisvoll, weniger zweideutig, die Atmosphäre sehr viel alltäglicher vorkommen. Sie werden die Kathedrale betreten, um sich zu vergewissern, daß das Bild der Fußwaschung über der Tür zur Sakristei tatsächlich von Fragonard ist, dem Fragonard der »Escarpolette« (die Schaukel) und der freizügigen, pikanten Szenen; und auch Sie werden nicht umhin können, seinen Christus sehr weltlich zu finden. Jean-Honoré Fragonard, der 1732 in Grasse geboren wurde, die Stadt aber als Kind verließ, hat sein Museum in einem Palast des 18. Jahrhunderts, wo man vorwiegend persönliche Dinge aus seinem Besitz und Zeichnungen des Künstlers, jedoch sehr wenige Gemälde zeigt. Beachtenswert ist ein Selbstporträt.

Obschon gut zwanzig Kilometer vom Meer entfernt gelegen, besitzt Grasse seit zwölf Jahren ein Marinemuseum, das zum größeren Teil dem Admiral Comte de Grasse (1723–1788) gewidmet wurde, dessen Name mit dem Unabhängigkeitskrieg der Vereinigten Staaten von Amerika verbunden ist. Unter anderem ist ein Bild zu sehen, das den Empfang von George Washington, Jean B. Rochambeau und Marie J. P. La Fayette am 17. September 1781 an Bord des Flaggschiffes »La ville de Paris«, das der berühmte Admiral kommandierte, darstellt. Für bayerische Besucher sei vermerkt, daß ein Nachkomme des Comte, Caroline (1793–1863), Nonne im St.-Anna-Kloster in München wurde. Kaum beachtet von der Bevölkerung – im Durchschnitt kommen pro Jahr knapp fünfzig Besucher – führt dieses geschichtlich so interessante Museum ein Schattendasein. Die meisten Reiseprospekte erwähnen es nicht einmal. Sie heben lieber das bevorzugte Klima der Stadt hervor. Daß sie ein berühmter Kurort wurde, verdankt sie sicher auch Pauline Bonaparte, die sich hier im Winter 1807/1808 von ihren amourösen Abenteuern erholte und so der Welt vor Augen führte, welch wohltuenden Einfluß das milde Klima auf die Gesundheit hat. Dort, wo sich die Schwester Napoleons täglich in einer Sänfte herumtragen ließ, ist heute ein Park, genannt »Jardin de la princesse Pauline«. Von hier genießt man ein herrliches Panorama, und an klaren Tagen, das heißt, wenn der Mistral bläst, reicht der Blick bis zum Meer.

Von Generation zu Generation überliefert ist die Herstellung von Olivenöl, für das Grasse fast so berühmt ist wie für sein Klima, sein Licht und seine Parfums.

21

Poesie der Früchte, Blumen, Blätter und Zweige. Sie bestimmt in weiten Teilen Südfrankreichs das Landschaftsbild. Hier dreht sich das Leben noch um Jahreszeiten und Ernten. Pfirsiche und Aprikosen leuchten gelborange, von der Sonne gereift. Lavendelduft steigt aus den Feldern auf und hüllt die sichelschwingenden Arbeiter völlig ein. Artischocken recken ihre Fruchtstengel über den Teppich ihrer Blätter und warten darauf, als Delikatesse exportiert zu werden.

Avignon – seine Päpste und seine Künstler, Le Lubéron und seine Dörfer

Eine Folge günstiger Faktoren und Ereignisse hat die Berühmtheit *Avignons* geschaffen und bis in unsere Tage erhalten. Die Lage im Rhonetal, die Rolle als »Achse des Christentums im Mittelalter«, die Übersiedelung der Päpste ins Exil im 14. Jahrhundert und das Mäzenatentum aufgeklärter Kirchenfürsten hatten aus der Stadt ein Kontaktzentrum, einen Ort des Kulturaustausches und einen Mittelpunkt des westlichen Humanismus gemacht. Nach der Rückkehr der Päpste nach Italien sorgten die verwaltungsmäßige Abhängigkeit von Rom bis zur Französischen Revolution unter verschwenderischen, jedoch zumeist toleranten und die Künste fördernden Legaten, die Loblieder, die ihm Stendhal und Maurice Barrès gesungen haben, und nicht zuletzt jene Ballade, die seine berühmte Brücke Saint-Bénézet besingt, für die anhaltende Berühmtheit Avignons. Die glückliche Wahl Jean Vilars, der hier 1947 sein mittlerweile berühmtes Festival ins Leben rief, die Qualität und außergewöhnlich reiche Ausstattung seiner Son-et-Lumière-Veranstaltungen im eindrucksvollen Rahmen des Papstpalastes haben dann später diese ruhmreiche Vergangenheit aktualisiert. Denn Avignon gehört nicht zu jenen zu Museen gewordenen Städten, die unter der Last ihrer Geschichte ächzen. Die kühnen Linien des neuen architektonischen Ensembles, keine hundert Meter vom Palast entfernt, zeugen von seiner städtebaulichen Modernität, der Nonkonformismus der Veranstaltungsprogramme vom Weitblick seiner Stadtväter, die Freizügigkeit, die die Unmengen junger Leute genießen, die jährlich in die Stadt strömen, von der Toleranz seiner Einwohner. Kommerzielle und industrielle Einrichtungen zeigen den Willen, dem wirtschaftlichen Rhythmus unserer Zeit zu folgen; und die internationalen Kongresse, die es in seinen Mauern veranstaltet, lassen seinen Ehrgeiz erkennen, den internationalen Zustrom an Gästen, den ihm bereits seine touristische Bedeutung und das Prestige seiner kulturellen Darbietungen gebracht haben, auch auf andere Bereiche auszudehnen.

Die Bekanntschaft mit Avignon sollte in zwei Etappen erfolgen, beginnend am gegenüberliegenden Rhoneufer. Es ist ein unvergeßlicher Anblick, der sich von den Höhen Villeneuve-lès-Avignon bietet. Auf einem Felsen, der sich wie ein Schiffsbug geformt dem Fluß nähert und unter dem sich die rötlichen Dächer der Altstadt im Gürtel ihrer gotischen Mauern zusammendrängen, erhebt sich der gewaltige Block des Papstpalastes, dessen Mauern und Türme im Licht der Sonne zu erröten scheinen. Der Besuch des Palastes weckt zwar geschichtliche Erinnerungen, reich an Kunsteindrücken ist er jedoch nicht. Vom Strom der Touristen mitgerissen, riesige, vollkommen leere Säle durchquerend, in denen die Erklärungen der Führer widerhallen und sich überschneiden, durch Wehrgänge geschoben, über lange Korridore geführt, die in alte Wachstuben oder monumentale Küchen mit rauchgeschwärzten Wänden münden, könnte man manchmal den Eindruck bekommen, sich in den Kulissen für einen historischen Film zu bewegen. Dennoch gibt es Momente, wo sich die »Ausstattung« verfeinert, wenn man etwa die große Kapelle Clemens' VI. (1342–1352) betritt, deren riesige Ausmaße Harmonie und Schönheit der Architektur ausstrahlen, oder wenn man zu dem sogenannten »Hirschsaal« kommt, der mit zarten Fresken ausgemalt ist, oder auch wenn man über die majestätische Ehrentreppe zum großen Audienzsaal hinuntergelangt, der etwas von der Pracht des Pontifikalhofes Clemens' VI. erahnen läßt.

Der Papstpalast setzt sich aus zwei verschiedenen Teilen zusammen, von denen jeder ein Spiegelbild der Mentalität und Lebensart seines Erbauers ist. So wie der alte, von Benedikt XII. (1334–1342) errichtete Palast mit seiner Strenge und Nüchternheit der Geringschätzung dieses aus einer bescheidenen Familie stammenden Zisterziensermönches für alles Luxuriöse entspricht, so spiegelt der neue, von Clemens VI. erbaute Palast die Vorliebe für Prachtentfaltung jenes kunstfördernden und eine Prestigepolitik verfolgenden Papstes, dessen Pontifikat die Blütezeit Avignons markiert. Den Cour d'honneur – seit 1947 der Rahmen für das Festival – verdankt der Palast der Initiative Urbans V. (1352–1362), der nicht nur ein »Reisepapst« war, sondern sich auch als großer Bauherr hervortat.

Tritt man aus dem Palast heraus, führt rechts eine Treppe zur Kathedrale Notre-Dame-des-Doms, einer romanischen Kirche, die durch wenig geglückte Umbauten im 15. und 17. Jahrhundert und durch die Errichtung einer monumentalen Marienstatue im Jahr 1859 auf der Spitze des Glockenturms architektonisch entstellt wurde. Der aus Siena stammende Maler Simone Martini (1284–1344), von Papst Benedikt XII. um 1340 nach Avignon gerufen, wo er auch starb, hat in ihr gearbeitet. Der Blick von der Felsenterrasse des Doms, heute eine öffentliche Parkanlage, ist das Gegenstück zu jenem von den Höhen Villeneuves. Während man jedoch von Villeneuve aus Avignon »geographisch« und in voller plastischer Schönheit erfaßt, so führt das wundervolle Panorama, das sich vom

Die befestigte Rhonebrücke St.-Bénézet, die »Pont d'Avignon«, wurde 1177–1185 erbaut, jedoch 1668 zur Hälfte zerstört. Ursprünglich verband sie Avignon mit der Nachbarstadt Villeneuve-lès-Avignon.

24

Felsplateau des Doms eröffnet, auch zu Betrachtungen historischer Art. Der Blick fällt zunächst auf die Rhone, wo vom Avignoner Ufer aus die berühmte Brücke Saint-Bénézet – nach einer Legende im 12. Jahrhundert von einem Hirten erbaut – mit ihren vier verbliebenen Bogen vergeblich versucht, am anderen Ufer den Turm Philipps des Schönen (1285–1314) zu erreichen, der vom 14. bis zum 17. Jahrhundert den Zugang auf königliches Gebiet bewachte. Denn der Fluß war damals die Grenze Frankreichs. Die Nachfolger Philipps erbauten, von strategischen Sorgen getrieben, das Fort St.-André, eine der großartigsten Festungen des Mittelalters. Von dem Wohlstand, den die Nachbarstadt Villeneuve-lès-Avignon bis zur Französischen Revolution genoß – die Kardinäle ließen sich dort prachtvolle Residenzen bauen –, ist kaum noch etwas zu spüren. Dafür kann sie stolz sein auf den Besitz eines der berühmtesten Gemälde der französischen Primitiven, die »Marienkrönung« von Enguerrand Quarton (geb. um 1410), zu sehen im Musée de l'Hospice. Primitive findet man auch im Calvet-Museum in Avignon, dazu noch schöne Schmiedearbeiten und eine Sammlung moderner Bilder.
Dem Beispiel anderer Städte folgend, hat auch Avignon eine Fußgängerzone eingerichtet. Sie beginnt am Place George Clemenceau und führt zur Kirche St.-Pierre, die, so wird behauptet, den schönsten Glockenturm Avignons und ein Portal mit bemerkenswerten Renaissance-Türflügeln besitzt. Von hier geht es weiter zur Kirche St.-Didier, einem herausragenden Bau der südfranzösischen Gotik, um dann wieder auf die Rue de la République zu treffen, der größten Geschäftsstraße der Stadt, an der auch das großartige Palais du Roure steht, ein Prachtbau aus dem 15. Jahrhundert geschmückt mit einem Portal im flamboyanten (Flammen-)Stil. Der Platz Georges Clemenceau, an dem das moderne, an einen Turm aus dem 14. Jahrhundert anschließende Rathaus steht, ist übersät mit Terrassencafés. Wer sich nachmittags in einem von ihnen niederläßt, wird Zeuge mehr oder weniger erbaulicher Darbietungen, veranstaltet von Amateurfakiren, Feuerspeiern, Hippies und Freaks.
23 Kilometer entfernt, in *Carpentras,* ist man sehr weit von diesem »exotischen« Treiben. Das Städtchen, 25000 Einwohner zählend, war die Hauptstadt der Grafschaft Venaissin. Es ist ein wohlhabender, freundlicher, vom Mistral schonend behandelter Ort mit nicht weniger als fünf Museen, einem kleinen römischen Triumphbogen, einer interessanten Kathedrale aus dem 15. Jahrhundert, einem Justizpalast aus dem 17., einer Apotheke aus dem 18. Jahrhundert und der ältesten Synagoge Frankreichs. Feinschmecker schätzen sein eingemachtes Obst, sein Wild, seine Forellen, Trüffel und Erdbeeren, Naturliebhaber seine herrliche Lage in einer sehr fruchtbaren Ebene, umgeben von Hügeln, die an die Toskana erinnern. In der Ferne wacht der Mont Ventoux, der »heilige Berg der Provence«, von seinen 1900 Metern herab über die Graf-

Wahrzeichen und imposantester Bau Avignons ist der von 1335 bis 1367 entstandene Papstpalast, der auf einem 58 Meter hohen Kalksteinfelsen errichtet wurde. Vier Meter dicke und bis zu 50 Meter hohe Mauern umschließen diese eindrucksvolle Residenz.

◁ *Zu den Sehenswürdigkeiten für Kenner gehört in Avignon die Kirche St.-Agricol aus dem 14. bis 16. Jh., an deren Portal diese Marienfigur zu finden ist.*

Folgende Seiten:
S. 28 Blick auf das Städtchen Malaucène am Fuß des Mt. Ventoux.

S. 29 Vom Gipfel des 1912 Meter hohen Mt. Ventoux bietet sich einer der schönsten Rundblicke über die Provence.

schaft Venaissin. Seine Vegetation, 950 Arten umfassend, steigt stufenmäßig von der Provence- bis zur Alpenflora. Man beginnt den Aufstieg zwischen Lavendel und Ölbäumen und beendet ihn zwischen Föhren. Kaum ein Führer unterläßt es, die Besteigung des Mont Ventoux zu empfehlen, dessen Gipfel man inzwischen auch mit dem Auto erreichen kann. Im letzteren Fall beginnt man den Ausflug am besten in Carpentras, folgt der Nationalstraße 574, die nach Bédoin am Südhang des Massif des Cèdres entlangführt und dann über St.-Estève und Chalet Reynard auf einer Länge von 22 Kilometern von 310 Meter auf 1912 Meter ansteigt. Die Nordabfahrt ermöglicht den Besuch *Malaucènes,* einem alten Marktflecken

mit malerischen Gassen, wo Papst Clemens V., der hier von 1309 bis 1314 wohnte, den merkwürdigen Einfall hatte, während der Hochblüte der Gotik eine befestigte romanische Kirche bauen zu lassen. Nun sind es nur noch zwölf Kilometer bis *Vaison-la-Romaine,* einer Art provenzalischem Pompeji, das in der Römerzeit unter dem Namen Vasio die bedeutendste Stadt der Region war (15000–20000 Einwohner). In dem in die Felsen hineingeschlagenen antiken Theater treffen sich alle drei Jahre Musik- und Gesangsliebhaber aus der ganzen Welt zu den »Choralies internationales«.
Ist das Theater in Vaison-la-Romaine nur noch ein Schatten dessen, was es einmal war, so ist jenes in *Orange* dagegen, kurz vor Beginn der christlichen Zeitrechnung entstanden, das am besten erhaltene nicht nur der Provence, sondern der gesamten antiken Welt. Seine 102 Meter lange und 37 Meter hohe Fassade ist von imponierender, schlichter Schönheit und hat damit Ludwig XIV. derart beeindruckt, daß er sie die »schönste Mauer meines Königreiches« nannte. Das Theater von Orange verfügt über eine hervorragende Akustik, was ein zusätzlicher Reiz für die vielen tausend Besucher ist, die zu dem Festival »Nouvelles Chorégies« strömen, das jährlich Ende Juli unter dem gleichgültigen Blick des Kaisers Augustus, dessen Kolossalstatue eine Nische in der Mitte der Bühnenwand schmückt, veranstaltet wird. Der Triumphbogen neben dem Theater, der drittgrößte dieser Art, macht deutlich, welche Bedeutung Orange in römischer Zeit, damals Arosio genannt, zukam. Dieses monumentale Werk zieren nautische Requisiten, Kriegstrophäen, angekettete Gefangene, aber auch Früchte und Blumen, und es erinnert an den Sieg Caesars über Marseille 49 v. Chr. und an den der römischen Legionen über die Gallier.
Der *Lubéron* mit seinen wunderschönen, auf Hügel gestaffelten Dörfern, überragt von ihren Glockentürmen mit geschmiedeten Kronen, den Hochplateaus, auf denen die Zeder wächst, mit dem vom Zikadengesang durchdrungenen Heideland, das von grünen Tälern durchschnitten wird – dieses paradiesische Stück Erde ist heute Wahlheimat vieler Künstler und Schriftsteller. Es ist das Ziel eines gewissermaßen elitären Tourismus und dasjenige von Parisern, die für astronomische Preise aus »bories«, den kegelförmigen Steinschobern, Zweitwohnungen machen.
Viele der Dörfer, an deren idyllische Landschaften und vollkommene Schönheit wir heute nur mit Entzücken denken,

◁ *Noch heute wird Vaison-la-Romaine mit seinem mittelalterlichen Stadtkern geprägt durch das gallo-römische Erbe. Neben dem antiken Theater wurden ganze Stadtviertel jener Zeit freigelegt, in denen sich Häuser, Säulengänge und Skulpturen erhalten haben.*

Über 10000 Zuschauer konnten im antiken Theater von Orange Platz finden, das zu den besterhaltenen seiner Art zählt. ▷

Zur Zeit der Obstblüte verwandeln sich weite Landstriche der Provence in rosa-weiße Märchenlandschaften.

Der hervorragend erhaltene, 19 Meter hohe und 20 Meter breite Triumphbogen in Orange.

haben unter den Religionskriegen im 16. Jahhundert grausam gelitten. *Lourmarin,* wo Albert Camus ruht, *Mérindol,* das friedlich auf die zu seinen Füßen dahinfließende Durance schaut, *Cadenet,* für viele eines der schönsten Dörfer der Provence, *Oppède-le-Vieux,* von wo der Blick bis zu den Niederalpen geht, *Ménerbes,* das in seiner Kirche ein schönes Altarbild aus dem 17. Jahrhundert beherbergt, waren damals der Schauplatz von Plünderungen, Vergewaltigungen, Folterungen und entsetzlichen Massakern. Hier spielte sich die Tragödie der Waldenser, sanfter und friedlicher Häretiker ab, die der Parlamentspräsident von Aix, Baron von Oppède, zu Tausenden niedermetzeln ließ oder auf Galeeren verschickte.
Das Lubéron-Gebirge ist die Provence der Dörfer, Marktflecken und winzig kleinen Städte: *Cavaillon,* bekannt für seine Melonen und die entzückende Synagoge aus dem 18. Jahrhundert, mehr Rokokotheater als heiliger Raum, *Apt* für seine Konfitüren und die reiche Schatzkammer seiner Kathedrale Sainte-Anne, *Bonnieux* für den schönen Blick auf das Tal des Coulon, *Ansouis* für sein Schloß, in dem eine alte, typisch provenzalische Küche zu sehen ist, *Gordes* für sein Vasarely-Museum und die nahebei gelegene Zisterzienser-Abtei von Sénanque, *Saignon* für sein festungsartiges Antlitz, *Roussillon* für seine ockerfarbenen Häuser und seine wundervolle Lage inmitten von Hügeln. Le Lubéron, das sind sonnendurchflutete Dörfer und wilde Gerüche, das bedeutet lebendige Geschichte und allgegenwärtige Sagenwelt.

34

◁ *Das malerisch gelegene Dorf Gordes wurde erst durch den Maler André Lothe vor dem drohenden Verfall gerettet. Heute ist es vor allem durch die ständige Vasarely-Ausstellung im restaurierten Renaissance-Schloß zu einiger Berühmtheit gelangt.*

Die »bories«, Kegelbauten aus flachen Steinen, stellen im Gebiet von Gordes eine besondere Attraktion dar. Die Eigenart ihrer Konstruktion macht sie überaus widerstandsfähig gegen Wind und Wetter. Die ältesten stammen aus dem 17. Jh. ▷

In dieser alten Mühle in Fontaine-de-Vaucluse wird Papier noch von Hand geschöpft.

Folgende Seiten:
S. 36 Ockerfarbene Häuser zwischen ockerfarbenen Hügeln. Vor dieser Farbensymphonie breitet sich das reizvolle Dorf Roussillon aus, in einer der bedeutendsten Regionen Frankreichs für Ockergewinnung.

S. 37 Weder Wirtschaftskrisen noch Rebstockkrankheiten haben der Ausdauer der Winzer Südfrankreichs etwas anhaben können. Diesem bacchantischen Weinbauern sieht man seine ungebrochene Lebensfreude an.

38

◁ *Hoch über der Sorgue, die von einer unterirdischen, bisher unentdeckten Quelle in Fontaine-de-Vaucluse gespeist wird, stand einst eine Burg. Erhalten blieb nur diese Mauer.*

Rund 50 Mönche lebten ursprünglich in der Zisterzienserabtei Sénanque bei Gordes. Heute dient sie als Kulturzentrum mit Ausstellungen, Konzerten und Seminaren.

Zwischen Arles und Aix-en-Provence

Auf halbem Weg zwischen Arles und Aix, 47 Kilometer von Marseille und 42 Kilometer von Avignon entfernt, mitten »im Herzen der Provence«, erfreut sich die Altstadt von *Salon,* beherrscht von ihrem Château de l'Emperi (13.–16. Jh.), umschlossen von einem grünen Gürtel, im Schatten ihrer jahrhundertealten Platanen am unaufhörlichen Rieseln und Plätschern ihrer Brunnen. Heute ist sie Etappenziel findiger Reisender, im Laufe ihrer Geschichte war sie es für die römischen Legionen, für einen vor der Pest fliehenden Papst, für Königinnen, Könige und Poeten. Die Erinnerung an den Astrologen, Wahrsager und Heilkundigen Nostradamus, der in diesem bezaubernden Provencestädtchen 16 Jahre lang lebte und 1566 dort starb, zieht noch immer Anhänger des Okkultismus nach Salon. Er wurde in der Kirche St.-Laurent, einem schönen Bau in südfranzösischer Gotik, beigesetzt. In einem kleinen Hof an der Straße, die seinen Namen trägt, steht noch das Haus, wo dieser bedeutende Sohn eines konvertierten Juden gelebt hat, der im Denken zugleich ein Mensch der Renaissance und der Kabbala war und dessen Prophezeiungen noch so manchen unserer Zeitgenossen beunruhigen. Außerdem besitzt Salon einen Turm aus dem 17. Jahrhundert, gekrönt von einer typisch provenzalischen, geschmiedeten Glockenhaube, in der die drei mit Bußgeldern finanzierten Glocken hängen. Ein paar Schritte weiter steht die Kirche St.-Michel, deren strenge romanische Eleganz am besten von der Schloßtreppe herab zu erkennen ist. Im Château de l'Emperi wohnten die Erzbischöfe von Arles; heute ist es Kunst- und Armeemuseum, in dem man die Entwicklung der Uniformen und Ausrüstung des französischen Heeres von Ludwig XIV. bis zum Ersten Weltkrieg verfolgen kann.

Nordöstlich von Salon versperrt die Kalksteinkette der Alpilles, dieses »große Segelwerk aus Stein«, den Horizont. Hinter Oliven- und Mandelhainen recken sie ihre zerklüfteten, kahlen, weißen Gipfel in den blauen Himmel, auf denen, so will es eine alte provenzalische Überlieferung, die Sonne am Johannistag drei Hopser von Gipfel zu Gipfel vollführt. Zu dieser wahrhaftig phantastischen Steinlandschaft windet sich eine enge Straße bergan, um sich auf der anderen Seite in Richtung Saint-Rémy wieder hinabzuschlängeln. Bevor wir dort jedoch wieder auf die Spuren von Nostradamus stoßen, sollten wir vorher bei dem Plateau des Antiques, dem antiken *Glanum,* haltmachen und zwei der schönsten römischen Bauwerke bewundern: das Mausoleum und den Triumphbogen. In unmittelbarer Nähe liegt das alte Kloster Saint-Paul-de-Mausole, das sich bereits vor der Revolution, während der die Mönche aus ihm vertrieben wurden, der Pflege Geisteskranker widmete. Später als Staatseigentum verkauft, wurde es danach wieder als Hospital weitergeführt, in dem dann van Gogh vom 8. Mai 1889 bis zum 16. Mai 1890 ein schweres Jahr zubrachte. Am Beginn der Allee, die zu der kleinen romanischen Kirche und dem reizvollen Kreuzgang führt, ist eine von dem russischen Bildhauer Ossif Zadkine geschaffene Büste des unglücklichen Malers aufgestellt. Sie führt uns mit ihrem krassen Realismus die Tragödie des armen van Gogh deutlich vor Augen, der sich im Zustand geistiger Verwirrung das rechte Ohr abgeschnitten hat.

Glanon, Glanum, *Saint-Rémy,* drei Namen, die die Geschichte dieser kleinen provenzalischen Stadt umreißen: gegründet von Griechen aus Marseille, verschönert von den Römern, zerstört von den Barbaren, wurde sie wieder aufgebaut zur Zeit der Karolinger. Begonnen 1931, aber erst ab 1942 aktiv vorangetrieben, förderten Ausgrabungen einen Teil des alten Glanum zutage, das um die 5000 Einwohner gezählt haben soll. Die heutige Stadt hat 8000 Einwohner und ist ein reges landwirtschaftliches Zentrum, das nicht nur liebevoll sein Obst und Gemüse pflegt, sondern auch ein sorgsames Auge auf seine alten Traditionen und seine Folklore hat. Provenzalische Tänze, Stier- und Reiterspiele stehen immer auf dem Programm lokaler Feste, die auch von zahlreichen Touristen besucht werden. Eine Anziehungskraft besonderer Art übt sicher der Name Sade aus, nach dem das schöne Adelshaus aus dem 15. und 16. Jahrhundert benannt ist, in dem die Funde aus den Ausgrabungen von Glanum ausgestellt sind. Der Autor von »Justine« hat jedoch mit hoher Wahrscheinlichkeit niemals seinen Fuß nach Saint-Rémy gesetzt. Möglicherweise wollen die ortsansässigen Buchhändler die Besucher für diese Enttäuschung entschädigen, indem sie neben ihren Büchern Aphrodisiaca verkaufen.

Saint-Rémy, Château-Renard, Tarascon und Arles bilden die Winkel eines fast vollkommenen Parallelogramms, in dessen Grenzen die Reisenden beständig an die beiden großen Provenceliebhaber Mistral und Alphonse Daudet erinnert werden. Eine Inschrift am verfallenden Turm von Château-Renard führt zurück in die Zeit der Troubadoure; einer von ihnen beschrieb dort in bewegten Worten die Schönheit der damaligen Schloßherrin. Von diesem hochgelegenen Turm aus kann man bei klarem Wetter bis Avignon sehen und die massiven Umrisse der Burg von Tarascon erkennen. Zehn

Glanum, das griechische Glanon, ist die größte römische Stadtanlage, die in Frankreich entdeckt wurde. Bei den 1942 intensivierten Ausgrabungen fand man neben einem Monumentaltor und einem Mausoleum zahlreiche Fundamente großer Häuser.

Der Pferdemarkt, der jährlich am ersten Sonntag im September in Fourques, einem Dorf in der Nähe von Arles, stattfindet, wird von zahlreichen Festlichkeiten begleitet. Nach einer provenzalischen Messe und der Segnung der Pferde auf dem Platz vor der Kirche treten Tanzgruppen in den regionalen Trachten zur Musik von Querpfeifen und Tamburinen auf. Eine Straße bleibt den in ihren provisorischen Gehegen stampfenden Pferden vorbehalten. Vor und in der Arena geben zu jeder Stunde Kavaliere der Camargue Kostproben ihrer Geschicklichkeit. Andere überwachen als »Köche« den am Spieß bratenden Stier, der für ein großes volkstümliches Mittagsmahl unter Platanen vorbereitet wird.

ROUX
ELEVEUR de CHEVAUX
RANCH
L'ETALON BLANC

Kilometer weiter südwestlich liegt die Ortschaft *Maillane,* die Heimat Mistrals. In seinem Haus, in dem er 1914 starb, werden die persönlichen Gegenstände dieses vergilischen Sängers der Provence, den man wegen seiner Klarheit so oft mit Goethe verglichen hat, sorgfältig aufbewahrt. Sein Grab auf dem örtlichen Friedhof wurde zur Wallfahrtsstätte all jener, die an die geistigen Werte eines gesunden Regionalismus glauben.

Die kleine Straße, die von Maillane in Richtung Tarascon führt, verleitet zum gemütlichen Dahinbummeln. Sie durchquert Wein- und Getreidefelder, wird flankiert von Weiden und Ulmen, und nachdem sie die ganz von aromatischen Sträuchern bedeckten Hügel der Montagnette rechts liegengelassen hat, läuft sie allmählich auf *Tarascon* zu, ein Städtchen, dem die heilige Martha, der Gute König René und Alphonse Daudet zu Ruhm verholfen haben. Der heiligen Martha verdankt Tarascon die Befreiung von der Tarasque, einem sagenhaften Drachen »mit sechs Füßen und Schlangenschweif«, der die Gegend im 1. Jahrhundert unserer Zeitrechnung in Schrecken hielt. Für ihre heroische Tat haben sich die Einwohner bei der Heiligen mit einer Kirche bedankt, die ihren Namen trägt. In dieser streng wirkenden, 1944 stark beschädigten und später renovierten Kirche ist ein Seitenportal im reinsten romanischen Stil erhalten. Was die Tarasque angeht, so kann man eine Nachbildung des Ungeheuers in den Räumen des örtlichen Fremdenverkehrsamtes bestaunen. Die Tarasque ist die Hauptattraktion bei lokalen Festen, die angeblich von dem Guten König René eingeführt wurden, dem auch der Bau der gewaltigen Burg am Rhoneufer zu danken ist. Tarascon ist eine friedliche kleine Stadt mit seinem schönen Rathaus aus dem 17. Jahrhundert und einer langen Straße mit Arkaden, unter denen die einheimischen Frauen nachmittags stickend Kühlung suchen.

◁ *Das Denkmal von Frédéric Mistral in Maillane, dem Geburtsort des großen okzitanischen Dichters, der hier von 1876 bis zu seinem Tod im Jahr 1914 lebte.*

Wo einmal ein römisches Kastell stand, erbaute man im 14. Jh. das festungsartige Feudalschloß von Tarascon, eines der schönsten dieser Art in Frankreich. Der Gute König René ließ es im 15. Jh. vollenden. ▷

Folgende Seiten:
S. 46 Im Herzen der Provence erinnert die Kalksteinkette der Alpilles, der »kleinen Alpen«, mit ihren kahlen weißen Zacken an manche Landschaften Griechenlands.

S. 47 Les Baux im Abendlicht. In einer Landschaft von wilder Schönheit gelegen, war dieser Ort im Mittelalter berühmt für die Macht seiner Feudalherren und den Liebreiz seiner Schloßherrinnen, die die berühmtesten Troubadoure anzogen. Heute liegt die Stadt in Ruinen; ihre phantastische Szenerie hat angeblich Dante inspiriert.

Gebremst von einem Staudamm einige Kilometer stromaufwärts fließt die breite und majestätische Rhone bei Tarascon so langsam, daß man meinen könnte, sie stehe still. Aber die alten Flußschiffer kannten sie noch als Wildwasser, das man – es klingt unglaublich – trinken konnte. Der Ausblick vom Château de Tarascon auf das Rhonetal ist prächtig. Nicht weniger eindrucksvoll ist er aber auch von der Turmspitze des »Donjon« (Schloßturm) der Burg von Beaucaire aus, gegenüber auf der anderen Seite der Rhone. Für lange Zeit waren Tarascon und *Beaucaire* Rivalinnen, wobei die Eifersucht sicher eine Rolle spielte, welche die erstere auf Beaucaire wegen ihrer berühmten Handelsmesse empfand. Diese bereits 1257 gegründete, zu ihrer Zeit größte Messe Westeuropas zog jährlich bis zu 300000 Besucher aus ganz Frankreich und den Mittelmeerregionen in die Stadt. Ihr Ende im 19. Jahrhundert hat man der Einführung der Eisenbahn zugeschrieben. Danach haben sich die beiden feindlichen Schwestern, wie man sie damals nannte, wieder versöhnt.

Ein Spaziergang durch Beaucaire bedeutet Entzückung, gemischt mit Trauer. So viele der schönen alten Stadtpaläste hätten eine gründliche Restaurierung nötig. Auch Notre-Dame-des-Pommiers lohnt einen Besuch wegen des romanischen Frieses, die Passion darstellend, den man in den oberen Teil der östlichen Mauer des Kirchenschiffes eingelassen hat.

Von Fontvieille führt eine von hundertjährigen Pinien gesäumte Allee zu der Mühle, die Alphonse Daudet unsterblich gemacht hat. Sie beherbergt heute ein dem Schriftsteller gewidmetes Museum.

◁ *Ehemaliges Taubenhaus in der toten Stadt von Les Baux.*

Folgende Seiten:
S. 50 Schattenspendende Bäume, bemooste Brunnen und Boulespieler sind unverzichtbare Attribute der Dörfer Südfrankreichs.

S. 51 Die Durchsichtigkeit des Himmels und die sanfte Schönheit der provenzalischen Landschaft ziehen die Maler in ihren Bann. Dieser Hobbykünstler hat seine Staffelei vor der Kirche St.-Sixte in den Alpilles aufgestellt.

In Tarascon spricht kaum noch jemand von Alphonse Daudet und seiner Romanfigur Tartarin de Tarascon. Eine Viertelstunde Autofahrt von der Stadt entfernt, in *Fontvieille,* mit seinem »außergewöhnlich gesunden Klima«, ist genau das Gegenteil der Fall. Alles erinnert an den Autor der »Briefe aus meiner Mühle«, der regelmäßig hierher kam, um sich von »Paris und seinem Fieber zu heilen«. Ein paar hundert Meter vor dem Ort, auf einer Anhöhe, zu der den ganzen Tag über die Bewunderer Daudets hinaufsteigen, steht die berühmte Mühle, die der Schauplatz der »Lettres de mon moulin« gewesen sein soll. Eine Inschrift nahebei macht darauf aufmerksam, wie gut es sich im Land Daudets leben läßt.

In *Arles* ist nichts gewöhnlich. Es ist eine Stadt mit vielen Gesichtern. Wohl nirgends sonst hat sich das gallo-römische Erbe der Provence so gut erhalten wie hier. Wohl nirgendwo sonst erfuhr die Religiosität des Mittelalters mit allem, was sie an Mystizismus und Naturtrieb, Hoffnung und Angst, Realismus und Phantastischem, Mysterium und Klarheit beinhaltet, so intensiven Ausdruck wie in der ehemaligen Kathedrale St.-Trophime, diesem Meisterwerk der provenzalischen Romanik. Der Kreuzzug, in zwei Etappen im 12. und 14. Jahrhundert entstanden, entfaltet in verschwenderischem Reichtum Skulpturen in einer merkwürdigen Mischung biblischer Szenen und Darstellungen von oftmals zweideutigem Inhalt und doppelsinnigem Symbolismus.
Arles, das Caesar aus Dankbarkeit für die Hilfe, die ihm die Stadt gegen Marseille geleistet hatte, mit Gunstbezeugungen überhäufte, hat aus der Römerzeit Großartiges bewahrt: die Arena, in der Jahr für Jahr die berühmtesten Stierkämpfer ihre Kunst zeigen, ein in Ruinen liegendes, aber noch immer bespieltes Theater, darüber die »Beiden Witwen«, zwei antike Säulen, die von den Barbaren und Sarazenen übersehen wurden und vorher schon religiösem Fanatismus entgangen waren; Reste der Stadtwälle und die berühmte Allée des Tombeaux oder Alyscamps. Von diesen heidnischen Grabfeldern, die später auch den Christen als Totenstadt dienten, hat uns van Gogh ein ergreifendes Bild hinterlassen.
Die gallo-römische Blütezeit dauerte noch an, als sich bereits der Niedergang des weströmischen Kaiserreichs abzeichnete. Ausschlaggebend dafür war unter anderem die politische und religiöse Bedeutung, welche die Stadt durch die besondere Zuwendung Kaiser Konstantins erlangt hatte. Er beschenkte sie darüber hinaus mit zahlreichen Bauwerken, darunter ein prächtiger Palast, von dem allerdings nur noch Überreste der Thermen zu sehen sind. Mit dem Einfall der Westgoten 480 begann dann das lange, tragische Schweigen, das drei Jahr-

△ *Aus dem 11. Jh. stammen die ältesten Teile der Pfarrkirche St.-Trophime in Arles. Die meisterhaften Skulpturen am Portal und Teile des Kreuzganges sind Arbeiten aus der romanischen Schule der Provence.* ▷

◁ *Detail eines römischen Sarkophags auf dem Gräberfeld der Alyscamps in Arles.*

Folgende Seiten:
S. 54 Frühchristliches Baptisterium, romanische Pfarrkirche, Kreuzgang und gotische Kathedrale bilden zusammen die eindrucksvolle Anlage von St.-Sauveur in Aix. Der Kreuzgang gewinnt seinen besonderen Reiz durch die Vermischung von antiken Elementen mit romanischen Stilisierungen.

S. 55 Beschauliche Ruhepausen lassen sich in den Cafés auf dem Cours Mirabeau einlegen.

TABAC

hunderte währen sollte. So lange mußte die Stadt warten bis sie wieder zu etwas Glanz gelangte, nun als Hauptstadt des Königreiches von Arles. 1178 ließ sich Friedrich Barbarossa in St.-Trophime zum König von Arles krönen, 1239 riß Raimond Bérengers die Stadt an sich und verleibte sie seinen Besitzungen ein, und später dann wurde Arles, wie die ganze Provence, dem Königreich Frankreich eingegliedert.
Arles ist eine vielschichtige Stadt: heidnisch und christlich, antik, mittelalterlich und modern, international durch sein Festival, spanisch durch die »Corridas«, camarguaise durch die Gardians, die sich so manchen Sonntagmorgen auf der Terrasse des Café Malarte treffen. Arles ehrt Picasso im Museum Réattu und bewahrt liebevoll seine provenzalischen Traditionen im Museum Arlaten, das von Gabriela Mistral gegründet wurde. Es ist eine fröhliche und zugleich ernste, bunte und strenge, stille und lärmende, sehr südliche Stadt. Sie besitzt in ihren beiden Musées Lapidaires, eines der heidnischen, das andere der christlichen Kunst gewidmet, außergewöhnlich schöne Sarkophage. Und die Einwohner sind überzeugt, daß ihre Frauen die schönsten der Welt sind.
Fiel das gallo-römische Erbe in *Aix-en-Provence* auch vergleichsweise bescheiden aus, so sind die Spuren der Grafen der Provence, die sie von 1246 bis 1481 regiert haben, um so deutlicher zu sehen. Vor allem jene des Guten Königs René (1377–1481), dessen Statue einen von David d'Angers geschaffenen Brunnen ziert, daran erinnernd, daß dieser humanistische Souverän die Muskattraube in der Provence eingeführt hat. Er kümmerte sich jedoch nicht nur um die Landwirtschaft, er berief auch zahlreiche Künstler an seinen Hof, unter ihnen Nicolas Froment, einen der bedeutendsten Vertreter der Schule von Avignon. Sein Meisterwerk, das hochberühmte Triptychon des »Brennenden Dornenbusches«, heute in der Kathedrale Saint-Sauveur, zeigt eine eigenwillige ikonographische Transposition, in der der Maler, um die Jungfräulichkeit der Muttergottes deutlich zu machen, sie an Gottes Stelle in den brennenden Busch setzt. Sind auch die Meinungen über den Dichterkönig und Kunstmäzen René bezüglich seiner politischen Fähigkeiten geteilt – Stendhal zum Beispiel warf ihm vor, er habe sich »von dem listigen Ludwig XI. alle seine Länder vor der Nase wegschnappen lassen« –, so hörte Aix nie auf, ihm liebevolle Anerkennung zu bezeigen, was heute noch daran zu erkennen ist, daß die Stadt einen der Boulevards und ihr luxuriösestes Hotel nach ihm benannt hat.
Verlor auch die Provence nach ihrer Vereinigung mit Frankreich teilweise ihre nationale Identität – die gewaltsame Integration fand erst durch die Revolution statt –, so behinderten weder die Religionskriege noch die Pest das weitere Wachstum von Aix im 17. und 18. Jahrhundert. Aus dieser Epoche stammen die zahlreichen Hôtels de maître, die Adelshäuser, die der Stadt ihren aristokratischen Charakter verleihen. Der Präsident De Brosse (1709–1777) hielt sie für »die schönste Stadt Frankreichs nach Paris« und pries schon damals den Cours Mirabeau. Diese im 17. Jahrhundert entstandene breite Avenue, beschattet von uralten Platanen und von prachtvollen, vorherrschend klassischen Fassaden gesäumt, ist eine der schönsten Promenaden der Provence. Es herrscht auf ihr ein reges Treiben von einem aus Fremden, Kaufleuten und Studenten gemischten Publikum, so daß es immer ein Vergnügen ist, in einem der vielen Terrassencafés das kosmopolitische und zuweilen faszinierende Schauspiel an sich vorrüberziehen zu lassen.
Vom Cours Mirabeau führt die Rue du Quatre Septembre zu einem mit vier Delphinen verzierten Brunnen aus dem 17. Jahrhundert, dem anmutigsten unter all den zahllosen anderen, die die Straßen und Plätze von Aix schmücken. Nördlich vom Cours Mirabeau, der das Rückgrat der Stadt bildet, dehnt sich das alte Aix mit seinen Sehenswürdigkeiten aus: dem Place d'Albertas, dem Rathaus (1658), dem Stadtturm aus dem 16. Jahrhundert, der Kathedrale Saint-Sauveur, einem aus vielen Baustilen gemischten Kirchenbau, in dem u.a. eine kostbare Sammlung flämischer Gobelins untergebracht ist, und schließlich auf dem Predigerplatz, die Place des Prêcheurs, die Kirche Sainte-Marie-Madeleine, die für ihre bauliche Durchschnittlichkeit mit einem Verkündigungsbild entschädigt. Dieses außergewöhnliche Werk des 15. Jahrhunderts begeistert sowohl durch seine perfekte Komposition wie durch die Feinheit der Farben. Die Place des Prêcheurs, auf der 1772 ein Bildnis des Marquis de Sade öffentlich verbrannt worden sein soll, wird im Süden durch die Place du Palais verlängert. Auf ihr steht das Denkmal Mirabeaus, der zwar nicht in Aix geboren wurde, aber hier lebte, auf skandalöse Weise heiratete, sich scheiden ließ und Schulden machte. Das Denkmal verdankt er seinen genialen Fähigkeiten als Redner und Politiker, die dieser große, dem Adel entstammende Revolutionstribun neben seinen dunklen Eigenschaften besaß. Graf Mirabeau war allerdings eher ein Eindringling in Aix, während der Name Cézanne (1839–1906) unauflöslich mit dem seiner Geburtsstadt verbunden ist. Hier malte er und starb, umgeben von einem Klima des Unverständnisses, ja sogar der Feindlichkeit. Wenn er nach Hause in sein Atelier ging, bewarfen ihn die Gassenbuben mit Steinen. Das Bürgertum der Stadt hat diesem Sohn eines Hutmachers, der es bis zum Bankier brachte, sein Außenseitertum nie vergeben. Vielleicht ist darin der Grund zu sehen, daß das Museum Granet, das so viele bedeutende Werke der französischen Schule besitzt, in dem Italiener, Flamen und Holländer, unter anderem Frans Hals und Rembrandt würdig vertreten sind, kaum ein Werk Cézannes zu zeigen hat. Man muß sich mit dem Besuch seines Ateliers im Haus Nr. 9 der Avenue Paul Cézanne trösten, das noch heute so aussieht, als ob er es eben verlassen hätte.

Zwei Brunnen schmücken Anfang und Ende des Cours Mirabeau in Aix. Im Osten ist es die Fontaine du Roi René von David d'Angers und im Westen der monumentale Brunnen de la Rotonde (1860), der hier zu sehen ist.

Folgende Seiten:
S. 58 Jeder Marktbesuch in der Provence ist ein Erlebnis für sich: überall die Überfülle an Früchten und Gemüse, die verlockende Farbenorgie, das einladend muntere Treiben.

S. 59 Blick auf den Sainte-Victoire, den Paul Cézanne zwischen 1896 und 1906, seinem Todesjahr, mindestens elfmal gemalt hat.

Ein Ausflug zum Berg Sainte-Victoire gehört bei einem Besuch von Aix dazu. Nicht weniger als elfmal hat Cézanne ihn gemalt. Vielleicht hat sich ihm dort die »Jungfräulichkeit der Welt« offenbart, eine Vorstellung, von der er besessen war. 102 v. Chr. besiegte, besser gesagt: löschte der römische Feldherr Marius beim Sainte-Victoire die auf dem Weg nach Italien ziehenden Teutonen in einer denkwürdigen Schlacht aus. In dieser geschichtsträchtigen Landschaft erwarb Pablo Picasso 1958 das Schloß Vauvenargues, in dem er oft weilte und wo er 1973 beigesetzt wurde.

Die Camargue – Vögel auf dem Wasser, Pferde im Wind und schwarze Stiere

◁ *Reisfeld in der Camargue. Die Ausdehnung der Reiskulturen ist zwar für die Wirtschaft der Camargue einträglich, gefährdet jedoch gleichzeitig das ökologische Gleichgewicht dieser Region.*

Die weißgrauen Pferde in den Salzsümpfen der Camargue zeichnen sich durch ihre Zähigkeit und Geschmeidigkeit aus. ▽

Eingekeilt zwischen dem Industriegebiet von Fos-sur-Mer, den pyramidenförmigen Ferienburgen von La Grande Motte und den sich ausdehnenden Reisfeldern, deren Anbaufläche von 200 Hektar im Jahr 1942 auf mehr als 20000 Hektar angewachsen ist, verteidigt sich die Camargue heutzutage mit der gleichen Entschlossenheit gegen das Vordringen der Zivilisation, mit der sie früher gegen das Meer gekämpft hat. Zwar war es unter dem Druck der Biologen und Naturschützer bereits möglich, die fortschreitende Industrialisierung zu begrenzen und das Wachstum der Reiskulturen zu stoppen, aber das ökologische Gleichgewicht dieses »geheiligten Dreiecks« des Rhonedeltas wird erst dann endgültig gesichert sein, wenn es gelingt, den rücksichtslosen Tourismus abzuschwächen. Ohne Zweifel gehört die vom Ende des vergangenen Jahrhunderts stammende Beschreibung Maurice Barrès' (1862–1923) von »einer verlassenen melancholischen Ebene, in der die Ibisse und eine ewige und süße Ruhe herrschen« einer vergangenen Zeit an, wenn auch die Camargue außerhalb der Reisesaison viel von ihrem ursprünglichen Zauber zurückgewinnt.

Von der sommerlichen Last der Wohnwagen befreit, laufen ihre engen Straßen durch die weite Ebene wieder fröhlich dem flachen Horizont entgegen, belebt nur vom Blasen des Mistrals. Schwarze Stiere und weiße Pferde – im Sommer ein

Zauber der Camargue: Flug der rosaroten Flamingos, ein Sonnenuntergang vor dem unbegrenzten Horizont, der Widerschein der stehenden Gewässer, die Hütte eines Gardians hinter der Schilfwand. In dem 31 000 Hektar großen Naturschutzgebiet des Vaccarès und dem 1970 zum Regionalen Naturschutzgebiet erklärten Umland von Aigues-Mortes bleibt diese Idylle vor dem Zugriff wirtschaftlicher Nutzung bewahrt. Fauna und Flora können sich ungehindert entfalten und die Zugvögel ungestört eine Rast auf dem Flug nach Süden einlegen. Für Besucher jedoch ist diese Camargue, dieses Symbol der Freiheit, nur noch selten zugänglich.

Blickfang für die Feriengäste, die sie mit Ferngläsern in ihren Gehegen beobachten – nehmen wieder ihr wildes Dasein auf und sorgen so dafür, daß die Vorstellung von der Camargue als einem Land der Freiheit auch weiterhin bestehen bleibt. Rosarote Flamingos, die ihre steife Haltung nur aufgeben, um sich höchst eindrucksvoll in die Lüfte zu schwingen, verstärken die Anziehungskraft dieser Landschaft der Lagunen, der Sümpfe und des salzigen Marschlandes, wo Salzkraut, Disteln und Sandginster wachsen und riesige Schilfrohrwälder im Wind rauschen.

Die Camargue hat viele Gesichter: das von zu vielen Touristen verfremdete, das nach dem Ferienansturm seine persönlichen Züge wiederfindet; dasjenige der Dörfer und der einsamen Weite mit ihren Stier- und Pferdeherden und den Gardians, den Cowboys der Camargue. Dann gibt es eine Untere Camargue, das Paradies der Wasservögel, und eine Obere, für die Anwesenheit des Menschen günstigere Camargue, weiter die Kleine, bis nach Le Grau du Roi und Aigues-Mortes reichende und eine Randcamargue, »Rive gauche«, mit Schafen, Kieselsteinen und neuen Gemüsekulturen, die an die Ebene von Grau anschließt. Schließlich könnte man noch von einer Vorcamargue sprechen, deren Städtchen schon das Meer ahnen lassen. Zu ihnen gehört *Saint-Gilles,* dessen Kirchenfassade vielleicht das bedeutendste Ensemble der Steinplastik provenzalischer Romanik ist. Es legt noch heute Zeugnis ab von der großen Bedeutung, die der Ort im 12. Jahrhundert als Zwischenstation der Pilger auf dem Weg nach Santiago de Compostela hatte, als Ort der Finanzgeschäfte, der Tempelritter und als Ausgangspunkt für Kreuzzüge und Pilgerfahrten nach Jerusalem. Dazu gehört auch *Vauvert,* im Mittelalter berühmt für seine Wallfahrten und seine jüdische Schule; und, vor den Toren von Arles, das Städtchen *Fourques,* das jedes Jahr am ersten Septembersonntag sein Fest mit einem Pferdemarkt begeht. Der Markt wird begleitet von provenzalischen Stierkämpfen, dem Umzug der Gardians und Folkloretänzer in schöner Tracht und von Musik der Querpfeifen und Tamburine. Ein reichliches Mittagsmahl unter freiem Himmel mit am Spieß gebratenem Stier und Wein aus der Provence vervollständigen den Besuch. Wer will, kann sich eine Messe in provenzalischer Sprache anhören. Nach dem Gottesdienst stimmen die Teilnehmer aus vollem Herzen den »Coupo Santo«, die provenzalische Hymne, an. Und wem das Glück lächelt, der kann bei der Tombola ein Fohlen gewinnen.

Die großen Feste der Camargue drehen sich um drei Hauptthemen: die Stiere, die Pferde und die religiösen Traditionen. In Fourques findet die Segnung der Reiter und Pferde vor dem Hauptportal der Kirche statt, in *Saintes-Maries-de-la-Mer* vor und im Meer. Anläßlich der großen jährlichen Wallfahrt der Zigeuner am 24. und 25. Mai, die unzählige Wallfahrer und Touristen in die Camargue strömen läßt, segnet der Erzbischof von Arles und Aix die Menge und das Meer von einem Boot aus. Dieser Akt symbolisiert die Legende von der Landung einer Gruppe von Heiligen und Jüngern Christi im Jahr 40 n. Chr. an dieser Stelle der Küste. Die heilige Maria Jakobäa und Maria Salome finden Jahr für Jahr wieder um diese Zeit in einer Prozession den Weg von der Kirche zum Meer, begleitet von lokalen Geistlichen, hohen kirchlichen Würdenträgern, Gardians auf ihren Pferden, Provenzalen in ihren Trachten, Gläubigen, Touristen und Photographen. Eine Mischung aus religiöser Innbrunst und Volksfest prägt die Atmosphäre. Am 24. und 25. Mai gehört Saintes-Maries-de-la-Mer den Zigeunern, die das Dorf in eine riesige Karawanserei verwandeln, mit Tausenden von Wohnwagen, wo immer sich in und um den Ort ein Platz finden läßt. Man sieht sie überall, Stühle flechtend, Teller bemalend, Gitarre spielend, Flamenco tanzend, die vom Rauch und der Hitze der brennenden Kerzen umhüllte heilige Sara in der Krypta der Kirche verehrend, um die Kirche herumstreichend auf der Jagd nach leichtgläubigen Touristen, denen sie ausnahmslos ein langes Leben voraussagen. Am Morgen des 26. Mai brechen sie wieder auf, wie sie gekommen sind: singend.

Übt die Wallfahrt der Zigeuner wegen ihres exotischen Flairs eine besondere Anziehungskraft auf Touristen aus, so sind die beiden anderen Wallfahrten in Saintes-Maries-de-la-Mer im Oktober und Dezember eher eine provenzalische Angelegenheit, ebenso wie die »Fêtes taurines«, die provenzalischen Stierkämpfe, am 20. Juli. All diese Veranstaltungen, die Tradition, Folklore und Glaubenseifer aufs glücklichste verbinden, haben den kleinen Ort, der nur knapp 2000 Einwohner zählt, weithin bekannt gemacht.

Seine Dorfgröße hindert ihn nicht daran, auf seinen Titel als Hauptstadt der Camargue zu pochen. Aber mehr als ihre Hauptstadt ist er ihre Seele. Auch konnte man keinen geeigneteren Platz wählen, um ein Museum der Camargue einzurichten. Es trägt den Namen Baroncellis, des unermüdlichen Streiters für die ökologischen und geistigen Werte dieses Gebietes und für den ornithologischen Park von Pont du Grau. Der letztere und das Tier- und Pflanzenschutzgebiet im Bereich des Etang de Vaccarès gehören zu den großen Attraktionen der Camargue. Der Besuch des Schutzgebietes allerdings ist schwierig und nur mit einer kaum zu erlangenden schriftlichen Genehmigung möglich. Der Vogelpark dagegen, in dem man so gut wie alle in der Camargue lebenden Vogelarten sehen kann, ist der Öffentlichkeit zugänglich.

Die Prozessionen in Saintes-Maries-de-la-Mer von Mai bis Dezember ziehen jedes Jahr Tausende von Wallfahrern und Touristen an. Während im Oktober die Einwohner der Camargue ihr größtes Fest feiern – hier einige Arlesierinnen in ihren schönen Trachten –, unternehmen im Mai die Zigeuner aus ganz Europa ihre Pilgerfahrt in die Stadt der Heiligen Marien. 64

D'OR

△ *Beweglichkeit, Geschicklichkeit, Harmonie und Eleganz bestimmen die Bewegungen bei den Reit- und Stierfesten der Camargue. Hier versucht ein Reiter, in vollem Galopp die ihm dargebotene Orange zu ergreifen, ohne sie fallenzulassen.*
Bei einem »Cocarde« genannten, unblutigen Spiel müssen die Toreros Ringe von den Hörnern der Stiere heben.

◁ *Die schwarzen Stiere gehören noch immer zum alltäglichen Bild der Camargue.*

Der Gardian, Cowboy der Camargue, ruft beim Betrachter ▷ unweigerlich romantische Vorstellungen wach. In Wirklichkeit ist sein Leben äußerst hart und entbehrungsreich.

Von der festungsartigen Kirche in Stes.-Maries-de-la-Mer zieht die Prozession der Zigeuner zum Meer.

Im Gegensatz zu Saintes-Maries-de-la-Mer, das offen dem Wind aus der Ebene ausgesetzt ist, der seine flachen, weißen Häuser umtost, und wo es nur eine Erhebung gibt, nämlich eine befestigte Kirche, deren massive Wucht durch einen reizenden Glockenturm gemildert wird, wirkt *Aigues-Mortes* hinter seinen mächtigen Mauern fast wie ein Eindringling in dieser provenzalischen Landschaft. Im 12. Jahrhundert auf Befehl Ludwigs des Heiligen gegründet, zu einer Zeit, als der König von Frankreich noch keinen Hafen am Mittelmeer besaß, ist die Stadt mehr mit dem Namen dieses Monarchen als mit den Traditionen der Camargue verknüpft. Sie hat jenem Herrscher, dessen legendäre Güte ihn keineswegs gehindert hat, Menschen anderen Glaubens auf den Scheiterhaufen zu schicken, ein Standbild errichtet, einen Platz nach ihm benannt und ihm eine Kirche geweiht. In sich zurückgezogen scheint Aigues-Mortes sich nur zögernd in die Umgebung aus Salz, Sand und Wasser einzufügen. Es ist eine Stadt, die stärker durch ihre mittelalterliche Geschlossenheit beeindruckt als durch provenzalische Anmut. Aber vom Tour de Constance aus, wo der unerläßliche Rundgang um die Stadtmauern beginnt, kann man wunderbare Sonnenuntergänge erleben.

In der verrußten Krypta der Kirche von Stes.-Maries brennen Hunderte von Kerzen zur Ehre der heiligen Sara und zeugen von der Verehrung der Zigeuner für ihre Patronin.

Der Tour de Constance wurde im 13. Jh. von Ludwig dem Heiligen vor den Stadtmauern von Aigues-Mortes erbaut. Hier schiffte er sich zum 8. Kreuzzug ein, von dem er nicht zurückkehren sollte. Unheilvolle Bedeutung gewann der Turm im 17./18. Jh. als Gefängnis für Hugenotten, die oft jahrzehntelang eingekerkert wurden. ▷

CARLTON
CARLTON HOTEL
BAR

Die Côte d'Azur – heute und vor hundert Jahren

Wo sich heute das moderne *Menton* erhebt, sah man 1850 nichts als Zitronenwälder. Damals erntete man in der Region im Durchschnitt jährlich 40 Millionen Zitronen. Zwar werden die Zitronen aus Menton auch heute noch geschätzt, aber ihre wirtschaftliche Bedeutung haben sie weitgehend verloren. Sie zieren noch die schöne Avenue, die am Städtischen Casino beginnt, werden bei der Duftkomposition von Parfums verwendet, zu hervorragender Konfitüre verarbeitet und inspirieren die ortsansässigen Keramiker und Töpfer. Vor allem sind sie aber Anlaß für das berühmte Zitronenfest, das jährlich in der Karnevalszeit gefeiert wird, welches zusammen mit dem nicht weniger berühmten Kammermusikfestival (1. bis 15. August) auf dem Platz vor der Kirche Saint-Michel zum Renommée Mentons beiträgt, von dessen Klima behauptet wird, es sei das beste Europas. Die milden Temperaturen – +10°C durchschnittliche Wintertemperatur – und die außerordentliche Schönheit der Lage haben aus Menton am Ende des 19. und zu Beginn des 20. Jahrhunderts einen bevorzugten Tummelplatz des europäischen Adels gemacht. Die Saison begann im November und endete im April. Im Sommer waren alle Hotels geschlossen. Für die Pariser der Belle Epoque waren Leute, die ihre Sommerfrische im Midi zu verbringen gedachten, Exzentriker oder Maler – die damals den Süden zu entdecken begannen –, oder man sprach schlicht von Verrückten, die in die Sahara fuhren.

Erst nach dem 1. Weltkrieg änderte sich diese Haltung allmählich. Die elegante Welt begann die Vorzüge der Sonne zu entdecken und trennte sich vom Teint der Kameliendame. Die Côte d'Azur öffnete sich dem Tourismus in größerem Umfang, um sich dann ganz dem Massentourismus auszuliefern. In unseren Tagen findet man im Sommer an allen Hotels und Campingplätzen das Schild »belegt«, und im Winter sieht man in Menton nur noch Pensionäre und Genesende. Die Folge dieser Entwicklung war eine tiefgreifende Veränderung der sozialen Strukturen, der urbanen Landschaft und der Lebensweise der Bevölkerung. »Prinzen, Prinzen, überall Prinzen. Wer Prinzen liebt, ist glücklich«, schrieb Maupassant 1888. Es waren die Prinzen und ihre Gefolgschaft, die die prunkvollen Paläste in Cannes, Nizza und Menton belegten, deren Namen unmißverständlich auf die übermächtige Anwesenheit britischen, russischen und österreichisch-ungarischen Adels hinwiesen. Seitdem wurde ein Großteil dieser riesigen Luxusherbergen mit den Jugendstilfassaden und den kolossalen, mit vergoldeten Verzierungen überladenen Hallen, durch die zwischen den beiden Weltkriegen so viele Halbwelt-Größen defilierten, in Appartementhäuser umgewandelt.

Ein Beispiel ist das Ex-Regina, erbaut 1896 in *Cimiez,* einem vornehmen Wohnviertel Nizzas, das mit seinen 3000 Zimmern einmal eines der berühmtesten Hotels der Côte d'Azur war. Heute dient es einigen 100 Eigentümern als Zweitwohnung. In sicherem Abstand von der verpesteten Stadtluft wohnen sie hier in ruhiger Abgeschiedenheit zwischen der antiken Arena, den römischen Thermen, dem archäologischen Museum, einem alten Kloster aus dem 9. Jahrhundert, das von den Benediktinern im 16. Jahrhundert restauriert worden ist, einer Kirche, die Werke von Bréa besitzt, und dem Friedhof, wo Henri Matisse und Raoul Dufy begraben sind. Auf diese prunkstrotzenden Paläste, in denen Tag und Nacht ganze Legionen von Empfangspersonal, Portiers, Liftboys, Etagenkellnern und Pagen eifrig ihren Dienst taten, folgten funktionelle Etablissements, wie sie heute auf der ganzen Welt nach dem gleichen Maß geschneidert werden, versorgt von einem Minimum an Personal. In ihnen steigen die Teilnehmer der unzähligen Kongresse, Festivals, internationalen sportlichen Wettbewerbe ab, welche den Kalender der Côte d'Azur füllen; und so herrscht zwischen Toulon und Menton ein unaufhörliches Kommen und Gehen von Menschen, Autos und Ideen.

Im Sommer braucht man zwei Stunden, um Nizza zu durchqueren, einen freien Parkplatz in Cannes zu finden, kommt einem Wunder gleich, in Menton reichen die beiden Vergnügungshäfen bereits nicht mehr aus, um den vielen Yachten Platz zu bieten, an den Kais von Saint-Tropez schieben sich die Barfüßigen in geschlossenen Reihen vorwärts, und an den Stränden findet man keinen Quadratmeter freien Sandes. Ein französischer Journalist notierte amüsiert, bald werde es nicht einmal mehr genügend Sonne für alle geben. Wohl gibt es noch einige wenige privilegierte Winkel an der Küste, die sich dem Gedränge entziehen, Inseln der Ruhe, verborgen hinter

Boulevard de la Croisette in Cannes: Eleganz und Vornehmheit einer kosmopolitischen Atmosphäre.

Folgende Seiten:
S. 74 Der Karneval in Nizza hat seinen Ursprung im Jahr 1878 und ist berühmt für seine Blumen- und Konfettischlachten.

S. 75 Nach einer alten Legende sind die Zitronen von Menton paradiesischen Ursprungs und wurden von Eva persönlich in die Stadt gebracht. Vielleicht liegt darin der Grund, daß das alljährlich kurz vor Beginn der Fastenzeit gefeierte Zitronenfest einmalig auf der Welt ist.

Bis zu 25 Meter hoch werden die Pinien, die vorwiegend an den Mittelmeerküsten beheimatet sind.

In Eze, einem alten ▷ Piratennest, das den Barbaresken im 10. Jh. wieder abgenommen wurde, schrieb Friedrich Nietzsche einen Teil seines Zarathustra. Heute wirkt der ganze Ort wie ein Museum. Berühmt ist der exotische Garten, der von den Ruinen eines Schlosses gekrönt wird. Von hier aus hat man einen unvergleichlich schönen Blick auf die Küste.

Folgende Seiten: S. 78/79 Blick auf Cap Ferrat. Einige der schönsten Gärten und prächtigsten Villen der gesamten Côte sind auf dieser Halbinsel zu bewundern. Eine davon ist die Villa Ephrussi de Rothschild, heute Museum mit einer bemerkenswerten Sammlung von Malern des 17. und 18. Jh. Auch die Gaumenfreuden kommen nicht zu kurz. Von den zwei oder drei hervorragenden Restaurants soll hier »Les Hirondelles« erwähnt werden, wo sechs »Schwalben« ihre Gäste verwöhnen. fünf Töchter servieren, die Mutter besorgt die Küche.

Klippen, in denen sich die Elite des Geldes, umgeben von üppiger Vegetation und unzugänglich für gewöhnliche Sterbliche, einschließt. *Port-la-Galère* ist einer davon. Ein Ort am Meer, dessen Häuser in bewegten, fließenden Linien erbaut wurden, im Schutz von herrlichen Gärten, die nach Mimosen und Eukalyptus duften, mit einem großartigen Ausblick, der die Bucht von Cannes und die Lérins-Inseln umfaßt. Außerdem gibt es noch die Oasen des *Cap Martin* und *Cap Ferrat* oder die *Presqu'île de Giens* (wörtlich: Fast-Insel Giens) mit ihren im Grünen verborgenen, großzügigen Villen und dem ständigen Hinweis auf bissige Hunde.

Und dann bleiben natürlich all die Dörfer im Hinterland, die sich zwar dem Tourismus geöffnet haben, aber darüber weder den Kopf verloren noch ihre Seele verkauft haben. Sie schmiegen sich in liebliche Täler oder »schlummern« auf Hügeln und Olivenhängen. Man erreicht sie über enge, kurvenreiche, nach Rosmarin und Thymian duftende Straßen. Ganz eingehüllt in Hitze und Licht findet man in ihren engen Gassen fast immer eine gute Auberge, Boulespieler, einen von Platanen beschatteten Platz und den unvermeidlichen Trödler. Etwas abseits der großen sommerlichen »Wanderwege«, aber doch direkt vor den Toren der Touristenzentren gelegen, verkörpern sie die von der Côte d'Azur herrschende Vorstellung, die sich aus Harmonie der Landschaft und süßem Leben zusammensetzt.

Die Milde des Himmels, die Schönheit der Landschaft und die Weite des Meeres, die sich an dieser Küste zu einer unübertrefflichen Symbiose vereinigt haben, verführten wohl auch vor 150 Jahren Lord Brougham, sich in *Cannes,* damals ein kleines Fischerdorf, niederzulassen. Um seine Villa Eleonora – die erste in Cannes –, die er 1834 bauen ließ, siedelte sich allmählich eine ganze Kolonie englischer Aristokraten an. Bald bildete sich eine kleine Stadt, und bereits zu Anfang unseres Jahrhunderts dehnte sie sich sechs Kilometer weit aus. Heute ist Cannes, das es verstanden hat, in einem ausgewogenen Ensemble die Stärke der Vergangenheit mit der Kühnheit der Neuschaffungen in ein Gleichgewicht zu bringen, eine der beliebtesten Städte der Côte. Vielleicht liegt das an diesem Gefühl von Harmonie, das von der Stadt ausgeht und das auch der gewaltige Zustrom an Menschen, den seine Feste, Regatten, Konzerte, Reitturniere und allen voran das internationale Filmfestival anzieht, nicht in Gefahr bringen kann. Sicherlich ist es nicht mehr das von Prosper Mérimée besungene Cannes, in dem er von 1858 bis zu seinem Tod im Jahr 1870 die Winter zu verbringen pflegte. Aber der Boulevard de la Croisette mit seinen Blumenanlagen, Palmen, Luxushotels, eleganten Geschäften und den mit prächtigen Fassaden versehenen Wohngebäuden gehört heute wie damals zu den schönsten Promenaden der Mittelmeerküste.

Bewahrt Cannes, das seinen Beinamen »Königin der Côte d'Azur« vermutlich seinen »aristokratischen« Ursprüngen verdankt, auch während des sommerlichen Hochbetriebs die Allüren einer Grande Dame, so haftet *Nizza* dagegen trotz seiner Paläste wie dem Negresco, seines prächtigen Karnevals, der wundervollen Promenade des Anglais und des Gedankens an Luxus, der sich mit seinem Namen verbindet, etwas Neureiches an. Zwar verteidigt die Stadt leidenschaftlich das Erbe des Weltrufes, den sie sich in den verrückten Jahren der Belle Epoque erworben hatte, aber das reicht eben nicht aus, um von sich sagen zu können, daß man »grandeza« besitzt. Sie tröstet sich mit dem Wissen, schön zu sein. »Nizza la Bella« nennen sie die Alteingesessenen. Um genau zu sein, kann man nicht von einem Nizza, sondern muß von drei oder vier sprechen: Dem Nizza des Hafens, das bei der Place Garibaldi auf die Altstadt stößt; von der im letzten Jahrhundert um den Platz Masséna entstandenen Innenstadt, die sich hinter dem Garten Albert I. und der Promenade des Anglais ausdehnt; von den Arbeitervierteln Riquier und St.-Roch auf der linken Seite des launischen Flusses Paillon; und schließlich, getrennt durch das steinige Bett dieses Baches, von der gehobenen Wohngegend Nizzas, die sich bis Cimiez hinaufzieht. Dort hat man 1963 in einer provenzalischen Villa aus dem 17. Jahrhundert das Matisse-Museum eingerichtet, das 1979 mit einer besonders eindrucksvollen Sammlung von Skulpturen des Malers bereichert wurde, einer Schenkung seines Bruders Jean Matisse.

Die Altstadt von Nizza ist, zusammen mit jener von Grasse, die malerischste der Côte d'Azur. Ihre lange Zugehörigkeit zum Haus Savoyen hat das Erscheinungsbild ihrer engen Gassen stark geprägt, deren engmaschiges Netz von der Place Garibaldi bis zu dem typischen, farbenprächtigen Blumenmarkt reicht. Der unaufhörliche Zuzug von Nordafrikanern droht jedoch immer mehr, zumindest äußerlich, die italienischen Erinnerungen zu verdrängen. Neben den Pizzerias haben sich algerische und tunesische Restaurants angesiedelt, aus den mit Lokoum angefüllten Läden strömt der betäubende Geruch orientalischer Süßwaren, in den Fenstern der Metzger hängen rosige Lämmchen, die darauf warten, gebraten zu werden, und in der Rue Miralhet verkauft man den ganzen Tag über Socca, das sind flache Kuchen aus Kichererbsenmehl. Jedoch in dem vielfältigen Angebot der Käsehändler und Traiteurs und den gehäuften Tischen der Obst- und Gemüsehändler findet man die reiche Mannigfaltigkeit französischer Märkte wieder. Und ebenfalls in der Altstadt, am Blumenmarkt, ißt man die besten Fische und Austern Nizzas.

Die 1903 eröffnete Corniche d'Or führt an der Esterelküste entlang, in deren roten Felsen das tiefblaue Meer eindringt. In dieser zu den schönsten Landschaften der Provence gehörenden Region gibt es noch immer einsame Strände. 80

Als Matisse das »versilberte Licht« Nizzas rühmte, dachte er sicher an die Engelsbucht. Diese Baie des Anges verdankt ihren Namen einer Legende, nach der im Herbst des Jahres 250 zwei Engel über das an der Küste Nizzas gestrandete Schiff geflogen sein sollen, welches den Körper der heiligen Réparate an Bord hatte. Jene unter Pacins in Palästina zur Märtyrerin gewordene Jungfrau wurde zur Schutzpatronin Nizzas. 1650 weihte man ihr die Kathedrale, ein schönes Bauwerk im klassizistischen Stil, die zusammen mit der in reichem Barock ausgestatteten Kirche Saint-Jacques, dem Palast Lascaris in der Rue Droite und dem Platz Saint-François Zeugnis ablegen für die Vitalität Nizzas im 17. Jahrhundert. Letzterer wird von einem bezaubernden Brunnen geschmückt.

Man kennt die Anziehungskraft, die das Licht der Côte d'Azur seit der Entdeckung durch die Impressionisten auf die Maler ausübt. Für Matisse war es in Nizza von einer unübertrefflichen Klarheit. Um sich selbst einen intensiven Eindruck davon zu verschaffen, gibt es keinen besseren Platz als die Terrasse auf dem Schloßhügel, auf der Nietzsche so gerne saß. Unten erstreckt sich, mit einem Blick überschaubar, die Engelsbucht, ganz Nizza und die rote Esterelküste. Ein Schild weist darauf hin, daß es sich um »eines der schönsten Panoramen der Welt« handelt. Und es ist wahr.
Port-Grimaud wurde aus Zufall, Phantasie und einem Gefühl der Berufung geboren. Vor 15 Jahren schuf der Wille und die Beharrlichkeit des Architekten und Seemanns aus Mulhouse,

Das frühere Hotel Regina in Cimiez bei Nizza: in der Belle Epoque Treffpunkt der mondänen Welt.

◁ *Zuschauer beim Boulespiel: Ruhe und Spannung in den Blicken der Kenner.*

Folgende Seiten:
S. 84/85 Wäre der Karren des Brotverkäufers nicht mit den typisch französischen Baguettes gefüllt – man könnte glauben, in Italien zu sein statt in der Altstadt von Nizza. Der italienische Charakter der Straßen und Häuser und der Charme südfranzösischer Lebensart machen den besonderen Reiz dieser Stadt aus. Viele ihrer schönen Fassaden aus dem 17. und 18. Jh. entgehen jedoch allzuoft den Blicken der vorbeieilenden Besucher.

François Spoerry, in einem sumpfigen Golf zwischen Himmel und Meer die ungewöhnlichste, harmonischste und funktionellste aller modernen Pfahlbaustädte. Das Wunder Venedig scheint sich mitten im 20. Jahrhundert zu erneuern. Nicht das Venedig Canalettos, sondern das der Randbezirke der Campi, der Fundamenta Nove. Ein Mini-Venedig mit genuesischen und katalanischen Anklängen, Winkeln, die an New Orleans erinnern, mit andalusischen Innenhöfen, einer massigen, für das Languedoc charakteristischen Kirche, gekrönt von einer geschmiedeten Glockenhaube wie im Lubéron. Zwischen Kanälen und Gärten ganz verschiedenartige Häuser, verbunden nur durch die einheitliche Linie der Dächer. Wechselfolge von begrünter Fläche und Wasser; Vielfalt und Einheit. Man-

3,40
2,85

TOUS LES JOURS
Stock-fish

Le Vieux Four
Restaurant

◁ *Eine der entzückenden Gassen in Haut-de-Cagnes. Das alte Schloß der Grimaldi beherbergt eine interessante Sammlung von Malern des 20. Jahrhunderts.*

Knoblauch in großer ▷ *Auswahl bietet der abgebildete kleine Laden seinen Kunden. Daß dieses Gewürz in kaum einem französischen Gericht fehlen darf, bestätigt auch der Leitspruch eines provenzalischen Kochbuchs: »Nur in Vanillepudding kommt kein Knoblauch.«*

Kaum ein Dorf in der Provence, das nicht seinen Trödler oder Antiquitätenhändler hätte. Cogolin macht da keine Ausnahme.

che wollen in Port-Grimaud nur eine äußerst raffinierte Wohnanlage sehen, andere sprechen von einer Zuflucht für jene, die die ermüdenden Aufregungen moderner Städte scheuen und dem Alltag entfliehen wollen. Aber Port-Grimaud ist viel mehr als das. Es ist ein städtebaulich wie menschlich gelungener Wurf, der geglückte Versuch einer Möglichkeit, mit sich und seiner Umwelt in Einklang zu leben. Gegenüber, auf der anderen Seite des Golfs, liegt *Saint-Tropez,* Saint-Trop', wie es die »insider« nennen, allzuoft lärmend und geschäftig. Während der Ferienzeit tummeln sich hier Snobs, echte und falsche Hippies, Pauschalurlauber und jede Art von Abenteurern. Ein ständig wechselndes und dennoch immer gleichbleibendes Spektakel. Es ist zwar nicht mehr schick, Namen wie Brigitte Bardot oder Curd Jürgens zu erwähnen, und Skandale bringen nichts mehr ein, aber es gehört immer noch zum guten Ton, um 11 Uhr in einem der Cafés am Kai, unter dem Schutz des Admiral Suffren (1726–1788), dessen Statue den Hafen beherrscht, das Frühstück einzunehmen. Und nicht gebräunt zu sein, kommt einem Sakrileg gleich. Ist die Saison vorbei, verwandelt sich Saint-Tropez wieder in eine liebenswürdige kleine Stadt, in der man gern durch die malerischen Gassen flaniert, die hinauf zur Zitadelle führen. Vom Fuß dieser Festung öffnet sich ein wunderschöner Blick auf den Golf und das Bergmassiv des Maures. Es ist die Landschaft, die man auf den Bildern von Signac, Dunoyer de Segonzac, Marquet und anderen Malern wiederfindet, deren Werke im Musée de l'Annonciade gezeigt werden, einer ihrer ursprünglichen Bestimmung entzogenen alten Kapelle. Dieses vorbildliche Museum für moderne Kunst wurde 1955 eröffnet. Unter den etwa 100 gezeigten Werken sind die Neoimpressionisten und die Fauves-Maler besonders gut vertreten. Daneben sieht man einige sehr schöne Skulpturen von Despiau, Wlérick und von Maillol.

◁ *Antibes, das griechische Antipolis, ist vor allem für drei Dinge berühmt: für die schöne Lage zwischen den oft schneebedeckten Seealpen und dem warmen Meer, für die umfassende Picassosammlung im Schloß Grimaldi und für das historische Ereignis von Napoleons Landung am 1. März 1815.*

Die Agaven wurden aus Mexiko nach Europa gebracht und haben sich im Mittelmeerbecken hervorragend akklimatisiert. Hier ein blühendes Exemplar dieser äußerst dekorativen Pflanze. ▷

Folgende Seiten:
S. 90 Ruhe und Gleichmut strahlen die Fischer aus, die auch heute noch ihre Netze von Hand ordnen und flicken müssen.

S. 91 Port-Grimaud wirkt wie ein provenzalisches Mini-Venedig, in dem zwischen Kanälen, Kais und Gärten etwa 1500 »privilegierte Seeleute« und ihre Boote Platz finden.

NI 414422

Von Saint-Tropez aus kann man schöne Ausflüge ins Hinterland unternehmen, wie etwa zum Cap Camarat, das schon die Reiseführer um die Jahrhundertwende empfahlen, nach *Gassin* mit seinen bekannten Weinen, zu dem alten Sarazenendorf *Ramatuelle,* das man auf einer kleinen Straße zwischen Pinien und Olivenbäumen erreicht, nach *Grimaud,* hoch oben gelegen mit seinen Burgruinen, seiner romanischen Kirche und den engen Gassen, deren Mauern unter ganzen Kaskaden von Blumen verschwinden, und nach *Sainte-Maxime,* einem hübschen und mondänen Badeort, der, hinter bewaldeten Hügeln versteckt und durch sie vom Mistral geschützt, auch im Winter viel besucht wird.

Aber nicht nur diese in unmittelbarer Nähe gelegenen Orte lassen sich von Saint-Tropez aus besuchen. Es ist auch ein ausgezeichneter Ausgangspunkt für Streifzüge durch die Höhen der Maures, deren Dörfer noch sehr beredt an die Sarazenen erinnern, ebenso für Entdeckungsfahrten ins Esterelgebirge, das den Straßenräubern mit seinen Höhlen und Grotten sichere Schlupfwinkel bot und wo sich bis ins späte 19. Jahrhundert hinein die aus dem Zuchthaus von Toulon entkommenen Sträflinge versteckten. Zwischen der Nationalstraße 7 im Norden und der großartigen Panoramastraße Corniche d'Or, die sich zwischen dem Meer und den feuerfarbenen Felsen windet, ist das Esterelgebirge im Küstenbereich vom Tourismus erschlossen. Im Innern jedoch, wo eine kurvenreiche Forststraße ständig neue, überwältigende Panoramen freigibt und vorbeiführt an einer wilden Felsenlandschaft mit geheimnisvollen Grotten, bleibt es – nur wenige Kilometer von dem kosmopolitischen Treiben der Badeorte an der Küste entfernt – eine Oase wilder Natur und der Einsamkeit.

Im Westen fallen die Esterelberge hinab in eine Schwemmlandebene, wo der Fluß Argens sich in den Golf von Fréjus ergießt. Auf einer Erhebung über dem Golf liegt die Stadt gleichen Namens, »Das Pompeji der Provence«. Unter Augustus war *Fréjus* eine bedeutende Etappe auf der Via Aurelia,

◁ *Kapelle in Grimaud, einem alten Marktflecken nahe der Côte des Maures.*

Platanenallee im Februar. Auch in der Provence kehrt der Winter ein, sein Gastspiel ist jedoch nur kurz. ▷

Folgende Seiten:
S. 94 Blick auf den Hafen von St.-Tropez.

S. 95 Von dem fünfeckigen Turm der Zitadelle in St.-Tropez hat man einen herrlichen Blick auf die Stadt, auf den gleichnamigen Golf und die Ausläufer des Massif des Maures. Im Innern ist ein Marinemuseum untergebracht, in dem die Geschichte des ehemals griechischen Hafens dokumentiert wird.

LA CREPE
TL 326367
TL 326421

◁ *Eine Hausfrau besorgt ihren Einkauf mit dem Moped. Die Baguettes dürfen natürlich nicht fehlen, genauso wenig wie frisches Obst und Gemüse vom Markt.*

Mit dem Abklingen der Saison findet St.-Tropez seine Ruhe, seine Traditionen und seinen ursprünglichen Charakter wieder. ▷

Folgende Seiten:
S. 98 Mimosenblüte im Bergmassiv des Maures. Jahrhundertelang bot diese wilde Berglandschaft den Bewohnern der nahen Küste Zuflucht vor den Sarazenen.

S. 99 Herbstliches Weinfeld im Tal des Var.

◁ *Auf den Boulevards in St.-Tropez promeniert ein kosmopolitisches, exzentrisches, blasiertes und gebräuntes Publikum. Gelegentlich sorgen junge »Künstler« für das Amüsement der Cafébesucher, wie hier ein geschminkter Pantomime, der die Bewegungen von Vorübergehenden nachahmt, ohne daß diese etwas davon merken.*
Die Show ist ein wesentlicher Bestandteil des sommerlichen Lebens in St.-Trop'. Ein Oldtimer zieht dabei mehr Blicke auf sich als ein neuer Mercedes.

die Rom mit Arles verband, und ein wichtiger Hafen, der bis zu 300 Galeeren aufnehmen konnte. Das Stadtgebiet umfaßte eine Fläche, die viermal größer war als heute, und zählte bis zu 25000 Einwohner. Aus dieser blühenden Vergangenheit sind noch zahlreiche Überreste vorhanden: die Arena, das Theater, ein Aquädukt, Stadttore, Thermen, alles jedoch in stark beschädigtem Zustand, nachdem die Sarazenen hier zu Beginn des 10. Jahrhunderts gewütet haben. Danach ließ Bischof Riculphe, genannt »Der Erbauer«, die in Ruinen liegende Stadt neu erstehen und bereicherte sie mit einigen schönen Bauwerken. Aus dieser Zeit stammt die Kathedrale Saint-Etienne mit dem im 13. Jahrhundert angebauten entzückenden Kreuzgang, der später mehrfach verändert wurde. In den Klosterräumen ist heute das archäologische Museum untergebracht. Es enthält eine reiche Sammlung gallisch-römischer Funde aus lokalen Ausgrabungen. Das frühchristliche Baptisterium links vom Eingang der Kathedrale gilt nach jenem in Poitiers als das schönste Frankreichs. Und schließlich rühmt sich Fréjus, den feinsten Sandstrand der Côte zu besitzen.

Nach Fréjus führt die Nationalstraße 7 nach Westen durch eine liebliche Landschaft, die beherrscht wird von der Bergkette des Massif des Maures. Kurz bevor man *Brignoles* erreicht, einen Ort, der bekannt ist für seine Marmorbrüche und sein Museum, in dem man den ältesten christlichen Sarkophag Galliens (3. Jh.) bewundern kann, zweigt eine kleine Straße zur einsam im Grünen liegenden Zisterzienserabtei von Le Thoronet ab. Die Kirche, der Kreuzgang und die Klostergebäude bilden eine in ihrer Klarheit und Einfachheit beeindruckende architektonische Einheit und sind ein Musterbeispiel reinster zisterziensischer Baukunst.

Um zurück zur Küste zu gelangen, kann man westlich das Massif des Maures umfahren und erreicht so *Le Lavandou,* einen der schönsten Fischerhäfen der Côte, der verzweifelt gegen die Invasion der Yachtbesitzer kämpft. Außerhalb der Saison hat Le Lavandou 3800 Einwohner, im Sommer mehr als 100000. Die Ortsansässigen klagen und denken mit Wehmut an die Zeit, als ihre Heimat noch ihnen gehörte.

Der Kreuzgang in Fréjus bezaubert den Besucher durch die reichverzierten zweistöckigen Bogengänge mit ihren Doppelsäulen, durch die phantasievollen Malereien auf den kleinen Holztäfelungen der Galeriedecke und durch den gepflegten Garten mit seinem Ziehbrunnen, den Oleanderbüschen und der großen Zypresse.

Folgende Seiten:
S. 102 Sieben Jahrhunderte alt ist die Monarchie des heutigen Fürstentums Monaco. Der ehemals aus drei Städten bestehende Mini-Staat stellt jetzt nur noch eine große Gemeinde dar, deren Stadtteil Monte Carlo mit seinem Hafen und dem Casino wohl die größte Anziehungskraft auf die Touristen ausübt.

 S. 103 Blick auf eine Badebucht an der Côte d'Azur.

Den Namen *Monte Carlo,* von dem ein Reiseführer von 1901 sagte, »daß er in der Seele eigenartige Vorstellungen wachruft«, verbinden auch in unserer übersättigten Zeit die meisten noch mit dem Bild einer märchenhaften Welt, wo sich vor dem Hintergrund einer wunderbaren Landschaft und in luxuriöser Umgebung die Stars der Politik und des Showbusiness, die Größen des internationalen Finanz- und Handelswesens sowie zurückgezogene Multimillionäre ein Stelldichein geben. Und tatsächlich ist Monte Carlo trotz der Öffnung der Côte d'Azur auch für weniger illustres Publikum ein Treffpunkt der mondänen Welt geblieben, wie er heute in Europa wahrscheinlich einmalig ist. Freilich hat das Casino einen Teil seiner früheren Exklusivität eingebüßt. Zumal in den Räumen der Spielautomaten ist von der ehemaligen Eleganz nicht mehr viel zu sehen. Dennoch nimmt dieses Gebäude mit seiner prunkvollen, etwas schweren Innenausstattung, umgeben von herrlichen Gartenanlagen, auch heute noch eine besondere Stellung im gesellschaftlichen Leben des Fürstentums Monaco ein.

Der Mini-Staat von etwa 17 Quadratkilometer Fläche, eine Enklave im französischen Departement Alpes Maritimes, setzt sich aus vier Teilen zusammen. Diese unterscheiden sich stark voneinander, obwohl sie einem einzigen Ballungsraum angehören. Während in Monaco-Stadt, der auf ihrem Felsen zusammengedrängten alten Stadt im Schatten des Palastes, Erinnerungen an die Vergangenheit lebendig werden, schafft man in Fontvieille auf einem dem Meer abgerungenen Gelände eine Industriezone in einer städtebaulichen Konzeption von revolutionärem Zuschnitt. La Condamine, mit dem berühmten olympischen Schwimmstadion, wickelt seine Geschäfte um den Hafen herum ab, in dem die wohl teuersten Yachten der Welt vor Anker liegen. Und in Monte Carlo bestätigt das jüngst entstandene, nach neuesten Erkenntnissen ausgestattete Kongreß-Zentrum den Willen des Fürstentums, ein guter Gastgeber zu sein. Auf diesem winzigen Gebiet, wo zahlreiche Kontraste die Harmonie der Gesamtheit nicht in Gefahr zu bringen scheinen, stehen nebeneinander Paläste der Belle Epoque, Villen der zwanziger Jahre und dreißigstöckige Hochhäuser. Beton verbindet sich scheinbar mühelos mit dem Meer, und eine Architektur, die aus Platzmangel gezwungen ist, ihre Vorbilder in Manhattan zu suchen, fügt sich wie durch ein Wunder in diese Mittelmeerlandschaft ein. Zu den wenigen grünen Oasen gehört der in Europa einzigartige exotische Garten. In diesem Rahmen folgen einander durch das ganze Jahr hindurch Kongresse, internationale Festspiele – von denen das Zirkusfestival sicher eines der erfreulichsten ist – Weltmeisterschaften, Autorallyes, Ausstellungen, Konzerte und Opernvorstellungen. In all diesen kulturellen und gesellschaftlichen Veranstaltungen, ebenso wie in seinem Tourismus, legt das Fürstentum heute mehr Wert auf den Pluralismus als auf Exklusivität.

Die Côte d'Azur der Kunst und des Kunsthandwerks

Sind Bertie und seine Frau Annick, die in *Tourrettes-sur-Loup*, einem reizenden Dorf zwischen Grasse und Vence, Leder bearbeiten, nun Handwerker oder Künstler? Ihr Atelier, für jedermann zugänglich, angefüllt mit Handtaschen, Gürteln, Paravents und Lederkästchen, Schachspielen und Wandtafeln aus getriebenem Leder, eingehüllt in sanfte Hintergrundmusik, ähnelt der Werkstätte eines Bildhauers. Und genauso denkt man an Skulpturen, wenn man sie von ihren Bemühungen sprechen hört, musikalische Schwingungen auf Leder zu übertragen, wenn man ihnen zuschaut, wie sie das Leder falten, pressen, formen.

Tourrettes-sur-Loup, zusammengepfercht um sein Rathaus, einem alten Schloß aus dem 15. Jahrhundert, mit den Gäßchen, die sich nach allen Seiten hinauf- und hinabwinden, ist ein typisches Beispiel für die Wiederbelebung alter kunsthandwerklicher Tradition. Boutiquen und Werkstätten wechseln einander ab. Man findet originelle Webartikel, handbemalte Seide, aus Ton geformte melancholische Harlekins, mit Leder bezogene Möbel, Schmiedearbeiten, Töpferwaren, Marionetten. Etwa dreißig schaffende Kunsthandwerker und Künstler haben sich in diesem kleinen provenzalischen Dorf niedergelassen, leben in den alten Steinhäusern, die im abendlichen Licht der Sonne wie in Gold getaucht sind. Einige von ihnen, so zum Beispiel Paul Bodié, der auf der internationalen Biennale für Kunstkeramik in Vallauris ausstellt, sind längst keine Unbekannten mehr. Ihre Namen kennt man auch in Paris und in Nizza. Journalisten kommen aus der Hauptstadt, um sie zu interviewen. Und sie unterwerfen sich nicht ungern den Notwendigkeiten moderner Publicity. Aber Tourrettes zu verlassen, das einen ausgezeichneten Boulespielplatz und eine gemütliche Auberge besitzt, wo sie mit dem Wirt den Verkauf eines Werkes begießen und wo die Luft noch absolut rein ist, kann niemand von ihnen verlangen.

Nur wenige Kilometer von Tourrettes-sur-Loup entfernt liegt *Vence*. Die enge Straße windet sich zwischen grünen, nach Pinien und Veilchen duftenden Hügeln und zwischen den von der Sonne versilberten Olivenbäumen hindurch. Wege zweigen ab, die zu den in üppigen Gärten verborgenen Villen führen, von denen man von der Straße aus nur hier und da eine Terrasse oder ein Dach erblickt. Fast alle tragen idyllische Namen, die das Glücklichsein beschwören: Paradiesweg, Zu den Blumenhügeln, Zur munteren Quelle. Jedoch kaum in Vence angekommen, stößt man wieder auf die Betriebsamkeit modischer Reisezentren. Lassen Sie es sich nicht einfallen, mit dem Auto durch die engen Straßen der Altstadt zu fahren, durch die sich unzählige Touristen schieben, gierig nach Souvenirs Ausschau haltend, und in denen sich die Geschäfte zum Teil bis zur Fahrbahn ausbreiten, wo sie noch durch die Stände der Obst- und Gemüsehändler verstärkt werden. Da versucht man schon besser sein Glück auf dem Parkplatz der Place du Grand-Jardin, dessen Name an den berühmten Garten des hier seit Jahrhunderten ansässigen alten Geschlechts Villeneuve erinnert. Von hier aus begibt man sich zu Fuß auf die Entdeckung der Stadt. Berühmt schon in der Römerzeit, erlebte sie die obligatorischen historischen Wechselfälle: Invasionen der Barbaren, Religionskriege, die Unruhen der Revolution. Dies hinderte jedoch den Astrologen Nostradamus im 16. Jahrhundert nicht daran, der Stadt eine gute Zukunft zu prophezeien und zu weissagen, daß die Einwohner jenen Wein geben würden, die keinen hätten. Sollten die zahlreichen Kunsthandwerker, die sich in unserer Zeit in Vence niedergelassen haben, vielleicht durch diesen sibyllinischen Satz angezogen worden sein? Unter ihnen gibt es Vertreter aller Handwerksbereiche vom Korb- und Stuhlflechter über Restauratoren, Töpfer, Keramiker, Glasbläser, Juweliere, Weber bis zu Lithographen, Bilderrahmern und Gerbern. Zu ihren Nachbarn zählen Maler mit großen Namen und weniger bekannte, die hier ausstellen, arbeiten und sich ausruhen.

Vence verdient zu Recht, eine Stadt der Künste genannt zu werden, wie mit Nachdruck in allen Prospekten über die Stadt behauptet wird. Aber nicht nur, weil Dufy, Chagall, Dubuffet, Matisse, um nur einige zu nennen, hier gelebt haben oder leben, sondern auch wegen ihrer schönen Baudenkmäler. Die Kathedrale, in ihrer Struktur romanisch und im Laufe der Jahrhunderte mehrfach umgebaut, besitzt ein bemerkenswertes gotisches Chorgestühl, dessen phantasievolle Schnitzarbeiten dokumentarische Auskunft über gewisse Aspekte der Sitten und Kleidung des 15. Jahrhunderts geben. Sie liegt auf halbem Weg zwischen der Place Surian und Place du Peyra, deren malerischer Charme selbst dem sommerlichen Touristeneinfall standhält. Besonders die Place du Peyra mit ihrem Brunnen in Form einer antiken Urne, gespeist von dem Wasser der römischen Quelle De la Foux, das die ortsansässigen Ärzte für seine harntreibende Kraft anpreisen, ist der Mittelpunkt der Altstadt. Schon im Mittelalter hat man sich hier versammelt.

Haben Sie nur einen Tag für Vence eingeplant, dann sollten Sie darauf achten, daß es ein Dienstag oder ein Donnerstag ist; nur an diesen beiden Tagen ist die Kapelle Du Rosaire zu besichtigen, die Matisse entworfen und ausgeschmückt hat. Von der Place du Peyra kommend, geht man in die Avenue Isnard hinein, vorbei an der Kapelle der Büßermönche (Pénitents Blancs) mit ihrem eleganten Glockenturm und der mit

△ *Die alte Kunst der Glasbläserei besitzt besonders in der Provence eine alte Tradition. Hier bläst ein Handwerker aus Biot eine Vase. Die heiße Masse wird während des Blasens in einer feuchten Holzform gehalten.*

Eine andere, ebenfalls △ *wiederbelebte alte Kunst ist das Pfeifenmachen. Diese Handwerkerin in Cogolin gibt gerade einem Pfeifenkopf den letzten Schliff.*

Unter den Händen dieses ▷ *jungen Künstlers in Tourrettes-sur-Loup verwandelt sich Leder in bewegte Landschaft.*

farbigen Kacheln gedeckten Kuppel. Nachdem man die Brücke über die Lubiane überquert hat, folgt man der Straße St.-Jeannet. Von weitem sieht man nur das symbolische, geschmiedete Kreuz, das die Kapelle überragt. Eine über der Eingangstür angebrachte Keramikgruppe, Maria, Jesus und den heiligen Dominikus darstellend, empfängt den Besucher. Sobald er in das Sanktuarium eintritt, wird er unwillkürlich ergriffen von der strahlenden Helligkeit des Raumes, von der vollkommenen Harmonie, der Atmosphäre intensivster Religiosität, zu der die strengen und einfachen Linien der Wanddekoration, der Kultgegenstände und des Altars sowie die Hymne verzückter Freude der Fenster unter den Reflexen des mediterranen Himmels beitragen. Eines der Hauptwerke moderner religiöser Kunst, war und ist sie immer noch Gegenstand heftiger Polemiken. Es fehlt nicht an Stimmen, die die Kompositionen auf den Wänden und besonders des Kreuzweges für »überspannt« halten. Matisse, der die Ausführung vom Krankenbett aus, das er nach einer schweren Operation im Jahr 1943 kaum noch verließ, vollziehen mußte, betrachtete die Kapelle trotz ihrer Unvollkommenheit als sein Meisterwerk, das Ergebnis eines Lebens, das ganz der Wahrheitssuche gewidmet war.

Der grüne Michelin-Führer sieht für den Besuch von *Saint-Paul-de-Vence* eine Dreiviertelstunde vor. Das ist wenig für diesen befestigten Marktflecken mit einer schönen romanisch-gotischen Kirche, vielen hochwertigen Kunstwerken und einem provenzalischen Museum, das die Liebhaber der Folklore sehr gerne besuchen werden. Von den fast vollständig erhaltenen Festungswällen, erbaut von Franz I. (1494–1547), hat man einen schönen Blick auf die umgebende Hügellandschaft, in die Gewächshäuser verstreut sind, und auf das glitzernde Meer am Horizont. Gleichgültig, um welche Tageszeit Sie in St.-Paul ankommen, man kann sicher sein, auf der Place du Géneral de Gaulle, im Schatten des Befestigungsgürtels, Boulespieler anzutreffen. Man betritt den Befestigungsgürtel durch das Nordtor unter dem Schutz einer Kanone, die den Truppen Karls V. in der berühmten Schlacht von Cerisoles (Ceresole Alba) am 14. April 1544 von den Franzosen abgenommen wurde. Die große Straße, La rue Grande, die sich nun vor uns öffnet, ist eine einzige Folge von Handwerkerläden, Konditoreien und Kunstgalerien, in denen man Werke Picassos, Mirós, Chagalls und Max Ernsts, birmanische Buddhas und ungewöhnliche Aluminiumstiche findet. Die

◁ *Vallauris verdankt seinen internationalen Ruf vor allem Picasso, der hier von 1947 bis 1953 gelebt, gearbeitet und experimentiert hat. Hier seine alte Töpferei.*

Mit seinen zahlreichen Töpfern und der weltweit geschätzten ▷ *internationalen Keramik-Biennale setzt Vallauris eine Tradition fort, die ihre Ursprünge bereits im Altertum hat.*

Picassos »Krieg und Frieden« in der romanischen Kapelle von Vallauris.

109 *Im Garten der Fondation Maeght in St.-Paul-de-Vence.*

In den Gärten der Fondation Maeght in St.-Paul-de-Vence stehen in befremdender und doch harmonischer Nachbarschaft die schmalen Silhouetten Giacomettis, die schwellenden Formen Henry Moores, die bunten Mosaiken Joan Mirós und die fröhlichen Stabiles-Mobiles von Calder. ▷

»L'homme au mouton« (1944) von Picasso in Vallauris läßt unwillkürlich an die Hirtengestalten des französischen Erzählers und Dramatikers Jean Giono (1895–1970) denken.

meisten Häuser tragen Wappen über den Türen der jahrhundertealten Fassaden und bilden einen scharfen Kontrast zu den modernen Schaufenstern, die oft genug mit Kitsch angefüllt sind. Vor dem Krieg konnte man eines dieser alten Häuser für ein paar tausend Francs erwerben, heute sind sie ein Vermögen wert. Die Kunststadt St.-Paul ist auch die Stadt der Spekulation. Dies ist jedoch ein Phänomen, das für die gesamte Côte d'Azur gilt.

St.-Paul, unter Denkmalschutz stehend, konnte wenigstens dem städtebaulichen Vandalismus entgehen, der so viele andere Teile der Region verunstaltet hat. Man kann daher gar nicht genug die Fondation Maeght rühmen, der 1964 auf dem Hügel Les Gardettes über St.-Paul in optimaler Weise eine Symbiose zwischen Landschaft und Architekturensemble von kühner Modernität gelungen ist. Der Architekt José Luis Sert konzipierte die Anlage als Museum-Park, und heute besitzt die Fondation Maeght eine bedeutende Sammlung von Skulpturen, Keramiken, Tapisserien, Zeichnungen und graphischen Werken des 20. Jahrhunderts. Jahr für Jahr wird eine große retrospektive Ausstellung einem bekannten französischen oder ausländischen Künstler gewidmet; daneben werden Ausstellungen von jungen, noch unbekannten Künstlern organisiert. Außerdem gehört zu der Fondation eine Bibliothek und ein Kinosaal. Und dann ist da vor allem der Park, mit seiner üppigen Vegetation, den Wasserspielen und Brunnen (darin den Gärten der Alhambra in Granada ähnlich), den Skulpturen, Mobiles und Keramiken, deren so wenig klassische Formen und Linien sich dennoch so vollkommen harmonisch in

die mediterrane Landschaft einfügen. Unter dem blauen Himmel, zwischen Pinien und Agaven, stehen die dunklen Stabiles (Metallfiguren) Calders, die bunten und »linkischen« Keramikfiguren Joan Mirós, die langgestreckten Silhouetten Alberto Giacomettis. Etwas abseits symbolisiert ein Metallbrunnen von Pol Bury, der in ein Becken immer wieder das gleiche Wasser ergießt, die »erstarrende Bewegung«.
Für viele ist der Name *Vallauris* untrennbar mit dem Namen Picasso verbunden, und es ist wohl wahr, daß Picasso hier seine Spuren hinterlassen hat. Von 1947 bis 1953 hat er in Vallauris gelebt, gearbeitet und experimentiert. Auf dem Platz vor der Kirche hinterließ er seinen »Mann mit Schaf« und in der Schloßkapelle die herzergreifenden Fresken »Krieg und Frieden«, die immer ein Pilgerziel für »Menschen guten Willens« bleiben werden. Seine Gegenwart hat dazu beigetragen, diese kleine Stadt international als Keramikzentrum bekannt zu machen. Dabei war Vallauris, das antike Vallis Aurea, das goldene Tal, bereits unter Kaiser Tiberius bekannt für die hohe Qualität der Ziegel, die hier produziert wurden. Die Töpfertradition hat sich durch die Jahrhunderte fortwährend erhalten. Heute leben hier etwa hundert Töpfer. In den Straßen der Altstadt gibt es kaum einen Laden, der nicht Keramik verkauft. Eine der bekanntesten Werkstätten in Vallauris ist die Galerie Madoura, deren heute pensionierter Dreher mit Picasso gearbeitet hat. Diese Galerie-Werkstatt, heute im Besitz der Familie Ramier, besitzt eine sehenswerte Sammlung von Keramiken des Meisters und zudem das exklusive Recht, einige davon in kleiner Anzahl zu reproduzieren und zu verkaufen. Für Kunst und Keramikliebhaber ist ein Besuch hier unumgänglich. Zu empfehlen ist noch das neue, im Juli 1977 eingeweihte Stadtmuseum und die internationale Keramik-Biennale, deren erste 1968 stattfand und seitdem alle zwei Jahre veranstaltet wird. Da an ihr Künstler aus ganz Europa teilnehmen, erlaubt sie einen interessanten Einblick und Vergleich der neuen Techniken und Stilrichtungen des Ostens und des Westens. Jedoch nicht nur Keramik, auch Toilettenwasser aus Orangenblüten, Rosen und Jasmin ist ein berühmtes Produkt aus Vallauris.
Vor 1914 stellte man überall in der Rue St.-Sébastien in *Biot* Ölkrüge und Parfumgefäße her und exportierte sie bis nach Kreta. Die Einführung der Metallbehältnisse setzte diesem handwerklichen Zweig ein Ende. Die Brennöfen in Biot wurden stillgelegt. Später versuchten einige Töpfer, die Produktion mit neuen Formen wiederaufzunehmen; der anfängliche Optimismus verflog jedoch schnell. Diesmal war es die spanische Konkurrenz, die ihnen das Leben erschwerte. Vor etwa neun Jahren installierte sich in einer der bedeutendsten Werkstätten des Ortes ein Antiquariat. Um den alten Brennofen gruppieren sich nun provenzalische Schränke, und an den Deckenbalken hängen schöne alte, geschmiedete Lampen. Das kunstgewerbliche Angebot Biots wurde breiter gefächert. Zu den Glasbläsern, Töpfern und Keramikern kamen die Graphiker und Olivenholzschnitzer. Es genügt, um die Touristen anzuziehen, wenn sie hier auch nicht in solchen Mengen anzutreffen sind wie in Vence, Vallauris oder St.-Paul. Auf dem malerischen Arkadenplatz findet man selbst im Sommer relativ leicht einen Platz in einem der Restaurants, die ihre Tische unter den spitzbögigen Arkaden aus dem 12. bis 14. Jahrhundert aufgestellt haben. Hier ist das Zentrum dieses kleinen, von den Templern befestigten Ortes, und hier steht auch die romanische Kirche mit ihrer eigenwilligen Fassade und dem nach unten abfallenden Schiff. Im Innern ist ein bemerkenswertes Altarbild von Louis Bréa (1450–1523) zu sehen. Der große Anziehungspunkt Biots ist jedoch das 1960 eingeweihte Museum Fernand Léger (1881–1955), das, etwas außerhalb auf einem Hügel gelegen, mit seiner breiten, farbigen Mosaikfassade die Umgebung beherrscht. In ihm läßt sich die künstlerische Entwicklung dieses Malers von 1905 bis zu seinem Tod verfolgen. Er war ein gewissenhafter Zeuge der industriellen Zivilisation und genauer Beobachter verschiedener Aspekte des modernen Lebens in ihrer sozialen Auswirkung.
Wenn Sie in Biot sind, machen Sie noch einen kleinen Abstecher nach *Valbonne*, einem bezaubernden Ort, der nur in lokalen Führern erwähnt wird. Dort bleibt man auf wohltuende Weise vom Touristentand verschont, das Klima ist mild und die Ruhe für überarbeitete Menschen wärmstens zu empfehlen. Hier haben sich noch kaum Künstler oder Handwerker niedergelassen. Einer der wenigen ist der Kunstschmied auf dem Arkadenplatz, dem Mittelpunkt dieses Dorfes, dessen Anlage seit dem 16. Jahrhundert unverändert geblieben ist. Entworfen wurde er von einem Mönch von der Insel Lerina, der sich offenbar von römischen Stadtplänen inspirieren ließ und den Ort schachbrettartig angelegt hat: Fünf Parallelstraßen der Länge nach, die von zehn ebenfalls parallel laufenden Straßen rechtwinkelig gekreuzt werden. Über allem wacht im Schatten einer mächtigen alten Buche eine Zisterzienserkirche aus dem 12. Jahrhundert. Valbonne macht seinem Namen Ehre: die Straßen sind mit Blumen geschmückt, die Menschen sind sehr freundlich, und das Leben fließt gemächlich dahin.

Die Stiftung Vasarely auf einem Hügel außerhalb von Aix-en-Provence an der Autobahn gelegen, wie »ein Verkündigungszeichen neuer Zeiten«.

Folgende Seiten:
S. 114/115 *In der Umgebung von alten Mauern, ziegelgedeckten Häusern und blumengeschmückten Amphoren, wie sie in Tourrettes-sur-Loup und anderen Dörfern der Côte d'Azur zu finden sind, hat sich eine neue Generation von Kunsthandwerkern niedergelassen.*
Eine Venus von Auguste Renoir ziert den Garten vor seinem ehemaligen Atelier in Cagnes-sur-Mer.

Zwischen Marseille und Toulon – Land des Handels und der Arbeit

Land des Handels und der Arbeit wird der Küstenstreifen zwischen Marseille und Toulon genannt, aber auch das der Calanques, dieser Fjorde des Mittelmeeres, die auf einer Länge von zwanzig Kilometern zwischen Cassis und Marseille von hohen, bizarren Kalksteinklippen eingerahmt werden. Es ist das Paradies der Taucher und der Liebhaber der Unterwasserjagd, des Kajaksports und der Nudisten, ein Refugium für Wassersportler, die nach stillen Ankerplätzen suchen, und der einsamen Camper, die ihr Zelt auf den nackten Felsen setzen und in wunderbar klarem Wasser baden; daneben sind diese bis zu 400 Meter aufsteigenden Felsklippen ein bevorzugtes Übungsgebiet für Marseiller Alpinisten. Dank der Überwachung durch COSINA, einem Komitee zur Rettung von Naturlandschaften, das 1965 gegründet wurde, konnten die Calanques bis heute dem Zugriff der Bodenspekulanten und der Autofahrer entgehen. Um zu ihnen zu gelangen, gibt es nur zwei Möglichkeiten: entweder geht man zu Fuß, oder man kommt mit einem Boot. In beiden Fällen bricht man am besten von *Cassis* aus auf, einem bezaubernden kleinen Fischer- und Yachthafen, der sich in eine Bucht zwischen Cap Canaille und den nackten Höhen des Massif de Puget schmiegt. Cassis ist bekannt für seine Weine, seine Seeigel, die Qualität seiner Fische – manche bestehen darauf, daß die hier zubereitete Bouillabaisse diejenige von Marseille übertrifft – und für seinen Beinamen »Montparnasse des Mittelmeeres«, den ihm Mitte der zwanziger Jahre der Aufenthalt zahlreicher Maler – unter ihnen Derain, Matisse und Dufy – eingebracht hat.

Der Bootsausflug zu den Calanques dauert hin und zurück zwei Stunden, die sich wirklich lohnen: unberührte, wilde Landschaft, sauberes Meer, bizarre Inselchen, hier wie ein Dromedar geformt, dort an ein Torpedoboot erinnernd, winzige Buchten, die entweder sanft in eine Landschaft mit Pinien, Ginster und Heidekraut eindringen wie bei Port-Miou oder schroff gegen die senkrecht abfallenden grauen Felsklippen stoßen wie bei En Vau. Man vergißt hier, daß kaum fünfzehn Kilometer entfernt bereits die reizlosen Wohnburgen der Vorstädte Marseilles die Landschaft entstellen.

Marseille, eine Version unseres Jahrhunderts von dem Alexandrien der hellenistischen Zeit, mit einem Hauch von Piräus und Genua, ist eine sehr mediterrane Stadt, brodelnd und malerisch, sehr kosmopolitisch, aber auch wieder sehr franzö-

Blick vom Palais Longchamps auf Notre-Dame-de-la-Garde. Das Palais (1862–1870) ist ein Werk des Architekten Henri Espérandieu, der auch den Bau der neuen Basilika (1856) geleitet hat.

◁ *Mit seiner modernen Architektur – wie hier die Cité Radieuse an der Avenue du Prado in Marseille – revolutionierte der gebürtige Schweizer Le Corbusier die Baukunst des 20. Jahrhunderts.*

Folgende Seiten:
S. 118 Am Alten Hafen von Marseille, in dem sich Fischerboote und Yachten drängen, endet die berühmte Canebière. Neben dieser prächtigen Straße gibt es zahlreiche andere, die eher einem orientalischen Basar ähneln.

S. 119 Unter dem Schutz von Notre-Dame-de-la-Garde, die hoch über der Stadt liegt, gibt sich Marseille weiter ihrem aus alter Zeit ererbten Handels- und Geschäftssinn hin.

sisch durch seine urbane Architektur. Ein Durcheinander an Farben, Gerüchen und Rassen inmitten eines exotisch gefärbten Menschengewirrs, das sich auf die Canebière ergießt. Die Canebière ist die Schlagader der Stadt, welche das Herz Marseilles in zwei Teile zerschneidet. Auf ihr laufen alle Fäden zusammen: der Autoverkehr, die Touristen, die Geschäfte, der Handel, Gauner und Polizei. Sie ist das Lebenszentrum Marseilles, gleichzeitig Durchgangsstraße, Ort des Vergnügens und der Arbeit. Eine Straße, die reich ist an Kontrasten und in einem Kilometer Umkreis die Börse, die Oper, die großen Banken mit ihren anmaßenden Fassaden, Nachtklubs, Sex-Shops, Luxusgeschäfte, Fünf-Sterne-Hotels, laute und immer vollbesetzte Terrassencafés, Museen und Bibliotheken um sich versammelt. Eine Straße, die von Leben überquillt, sonnenerhitzt; an manchen Tagen jedoch fegt der Mistral wie in einer Schlucht gnadenlos durch sie hinab zum Meer. Zusammen mit der Kirche Notre-Dame-de-la-Garde

FLORIDA
ALIENOR
OCCITANE
MARSEILLE

und dem alten Hafen vervollständigt sie das Bild von Marseille. Nicht wenige Touristen denken bei ihrem Namen an Drogenhandel und Kuppelei, und so kommen sie in die Stadt mit einer gewissen, gespannten Neugierde, mit der heimlichen und uneingestandenen Hoffnung, vielleicht Zeuge einer Abrechnung zwischen Leuten des »Milieus« zu werden. Aber Marseille ist besser als sein Ruf. Nach den letzten Statistiken nimmt sie in der Kriminalität erst den zehnten Platz unter den französischen Städten ein. Und wenn man ihren Einwohnern häufig Mangel an Seriosität und Unzuverlässigkeit vorwirft, so beruht das zum Teil auf einer falschen Interpretation der sympathischen Figur des Marius, der durch Marcel Pagnol unsterblich wurde. Der Marseiller schneidet ohne Zweifel gerne auf, aber er ist weder nachlässig noch ein Scharlatan. Wahr ist, daß er seine Aktivität vornehmlich auf den Handel und kleine Unternehmen richtet. Von Fließbandarbeit und Streß hält er nichts. Sein stark ausgeprägter Individualismus läßt ihn die kleinen Betriebe bevorzugen, von denen Marseille übervoll ist.

Diese große Hafenstadt, die erste Frankreichs, die während des französischen Kolonialreichs einen außerordentlichen Wohlstand erlebte, hat nie großes Interesse an der Industrie gezeigt. Sie ist vor allem ein internationaler Handelsplatz, der mit täglich 62 Flügen Verbindung zu zwölf europäischen Städten hat. Die Industrie erreichte sie sozusagen auf Umwegen mit der Gründung der petrochemischen Anlage im Etang de Berre, die in den letzten Jahrzehnten beträchtlich erweitert wurde und heute zu den größten Petroleumzentren Europas zählt. Marseille kennt keinen Fabrikrauchgestank. Es ist der Geruch des Meeres, der es durchdringt, bis hinab zu den Stationen der neuen Metro, deren Kieselsteinwände mit Meeresmotiven ausgeschmückt sind.

Nur wenige Schornsteine verschandeln die Marseiller Stadtlandschaft, dafür sorgen allzu viele erschreckend einfallslose Hochhäuser für die Zerstörung ihrer Harmonie. Marseille, wo in den Jahren 1946 bis 1952 Le Corbusier seine Vorstellungen vom Wohnen in der auf Pfeilern erbauten »Cité Radieuse« in die Praxis umsetzen konnte, scheint es nicht verstanden zu haben, von diesem Versuch der Nachkriegsavantgarde zu profitieren. Ihre monotonen Baukörper umschließen wie eine graue Mauer den weit ausgedehnten Stadtbereich, den man von der auf einer Kuppe gelegenen Notre-Dame-de-la-Garde herab vor sich liegen sieht. Diese im 19. Jahrhundert im romanisch-byzantinischen Stil erbaute Basilika entschädigt durch ihre einmalige Lage für ihre künstlerische Bedeutungslosigkeit. Von dort reicht der Blick bis zur Insel Pomègues, bis zum Château d'If, in dem Alexandre Dumas seinen Grafen von Monte-Christo einkerkern ließ, und weiter bis zur Bergkette l'Estaque und den Hügeln, auf die im Norden und Nordosten die Vororte Marseilles stoßen. Wie ein ausgebreiteter Plan wirkt die Stadt von der Terrasse der Basilika aus. Am Meer entlang verbindet die Corniche J. F. Kennedy den Strand Plage du Prado mit dem alten Hafen, dessen enge Einfahrt sich zwischen der Festung St.-Jean und der schönen Parkanlage Du Pharo hindurchzwängt. Um den alten Hafen herum gruppiert sehen wir das Rathaus aus dem 17. Jahrhundert, die gewaltige Kathedrale La Major, ein weiteres Zeugnis der romanisch-byzantinischen Welle des 19. Jahrhunderts in Marseille, dann die alte Kathedrale, die ein Fayencenrelief Luca della Robbias besitzt, das Museum der römischen Dockanlagen, das eine Vorstellung vom See- und Handelsbetrieb des alten Massalia vermittelt, und das Musée du Vieux Marseille, das in dem Maison Diamantée, einem Prachtbau der Renaissance, untergebracht ist. Am schönsten und eindrucksvollsten ist der Blick von Notre-Dame-de-la-Garde jedoch am Abend, wenn das Meer allmählich in nächtliches Dunkel getaucht wird und die Lichter des Hafens und der Stadt zu erstrahlen beginnen.

Zwischen Marseille, auch das Tor zum Westen genannt, und Toulon bietet die Côte d'Azur abwechselnd wunderschöne Orte und wenig attraktive Industriezonen. Auf das Paradies der Calanques und Cassis' folgen die großen Schiffswerften von La Ciotat. Auf *Bandol,* das sich viel auf seine Weine und seine durchschnittlich 320 Sonnentage im Jahr zugute hält und das neben der weit von Lärm und Luftverschmutzung entfernten Insel Bendor liegt, folgt unvermittelt *La Seyne-sur-Mer* mit seinen Werften, Fabriken, Werkstätten, Supermärkten, grauen Häusern. Die Arbeiter, die hier das Straßenbild beherrschen, wirken fast befremdlich unter dem blauen Himmel, in einer von Sonnenschirmpinien geprägten Landschaft, nur ein paar Kilometer von der Corniche varoise entfernt, die schöne Ausblicke auf die Halbinsel Saint-Mandrier und die Reede von Toulon ermöglicht.

Toulon, das Telo Martius der Römer, später mehrfach von Arabern und Sarazenen heimgesucht, erlangte seine Bedeutung als See- und Kriegshafen unter Heinrich IV. Seine hervorragende Lage am Mittelmeer und die Sicherheit seiner Reede haben die Geschichte Toulons im Guten wie im Bösen geprägt. Zu den als »französisches Gibraltar« bekannten Befestigungsanlagen gehörte auch ein zu trauriger Berühmtheit gelangtes Zuchthaus mit bis zu 4000 Sträflingen. Vom Nationalkonvent zur »ville infame«, zur unehrenhaften Stadt erklärt, weil sie sich 1793 der englisch-spanischen Flotte ausgeliefert hatte, entging sie nach der Wiedereinnahme durch Bonaparte, der sich dadurch die Sterne zum Brigadegeneral verdiente, nur knapp der Zerstörung. 1942 versenkte sich ein

Die Kirche Notre Dame-de-la-Garde, Wahrzeichen von Marseille, wurde im 19. Jh. in romanisch-byzantinischem Stil auf einem 162 Meter hohen Kalkfelsen errichtet. Neben dem Altar hängen zahlreiche Votivgaben von Seeleuten.

AVE GRATIA PLENA
Ave Maria

Teil der französischen Flotte selbst, um das Hafenbecken unbefahrbar zu machen; zwei Jahre später wurde die Stadt durch Bombenangriffe stark zerstört.
Seither hat sich das Gesicht der Stadt verändert. Im Hafenviertel verschwanden nach und nach die alten Gassen. Einige der alten Häuser, die die Spitzhacke übersehen hat, stehen mit renovierten Fassaden in der heutigen Fußgängerzone, die mit ihren schattigen Plätzen und gemütlichen Straßencafés durchaus südlichen Charme besitzt. Vom Veille Darse, dem alten Binnenhafen, den heute moderne Gebäudekomplexe einrahmen, blieben nur die Atlanten von Puget, die den Ehrenbalkon des alten Rathauses – heute Teil der Fassade des Marinemuseums – noch immer auf ihren Schultern tragen.
Am Kai, wo man Bootsausflüge mit Besichtigung der Kriegsschiffe anpreist, halten Senegalesen ihre mehr oder weniger künstlerischen heimischen Produkte feil. Auf dem Markt am Cours Lafayette herrscht Hochbetrieb, und in den Hallen im provenzalischen Stil nahe der Kathedrale Ste.-Marie-Majeure schreien sich die Fischfrauen heiser. Am Hafen kosten die Touristen vom großen Austernangebot und nachmittags kehren sie ganz begeistert von ihrem Ausflug zum Mont Faron zurück.

◁ *Toulon, das römische Telo Martius, wurde unter Heinrich IV. als großer Hafen ausgebaut. Nach der Zerstörung im Zweiten Weltkrieg und dem modernen Wiederaufbau ist er heute der wichtigste Kriegs- und Handelshafen Frankreichs und Ausgangspunkt für die Fährschiffe nach Korsika und Sardinien.*

Die Ankündigung einer erneuten Verteuerung des Benzins scheint diesen typischen Südfranzosen mit der Gauloise im Mundwinkel nicht sonderlich zu erregen. ▷

Folgende Seiten: S. 124/125
Der Pont du Gard, auf Veranlassung Napoleons III. in seiner antiken Vollkommenheit wiederhergestellt, hat eine Gesamthöhe von fast 50 Meter und eine Länge von 275 Meter. Neben dem Aquädukt von Segovia in Spanien ist er eines der eindrucksvollsten Bauwerke dieser Art, die aus der Römerzeit erhalten sind.

Das Bas-Languedoc – Römer, Ketzer, Pilger, Krieger, Troubadoure

Für den aus dem Norden kommenden Fremden, der sich nicht an regionale Verwaltungsgrenzen zu halten hat, ist *Nîmes* noch die Provence. Am Rand der Garrigues gelegen, eines Kalksteinplateaus, wie es charakteristisch ist für das Bas-Languedoc, schließt Nîmes im Westen das römische Viereck, das, von der Rhone in zwei Hälften geteilt, die Provence mit dem Languedoc verbindet. Neben Arles, Les Antiques und dem Pont du Gard gehört die Stadt zu den vier herausragendsten Stätten römischer Kultur. In ihrem Wappen ist ein an eine Palme gebundenes Krokodil abgebildet, was darauf schließen läßt, daß sich in den letzten Jahren der vorchristlichen Zeit römische Veteranen, die in Ägypten mit Oktavian gegen Antonius und Kleopatra gekämpft hatten, in der Stadt niedergelassen haben. Wie Arles, das Ausonius als Klein-Rom bezeichnete, war Nîmes, damals Colonia Augusta Nemausus, ein lebendiges, kosmopolitisches Zentrum, in dem Gallier, Römer und Orientalen zusammenlebten. Antonius Pius (86–161), wegen seiner Unbestechlichkeit, Bescheidenheit und Frömmigkeit wohl einer der bemerkenswertesten römischen Kaiser, stammte aus einer in Nîmes beheimateten Familie. Seine Statue steht nahe dem Boulevard Gambetta, an einer Stelle, an der einst die Via Domitia verlief, die, von Arles kommend, nach Narbonne und dann weiter nach Spanien führte. Sicherlich um das Andenken an diesen Herrscher zu ehren, dessen Regierungszeit der Gipfelpunkt des Imperiums wurde, hat man das nahebei gelegene Hotel Imperator genannt. Empfehlenswert wegen seiner guten Küche und der ruhigen Zimmer, die auf einen provenzalischen Garten hinausgehen, liegt es zudem noch sehr günstig auf halbem Wege zwischen zwei der größten Sehenswürdigkeiten der Stadt: den Gärten de la Fontaine und dem Maison Carrée. Bei letzterem sollte man den Besuch der Stadt beginnen. Dieser alte Tempel, der keineswegs quadratisch, wie sein Name andeutet, sondern rechteckig ist, gilt als eines der schönsten griechisch-römischen Baudenkmäler, das uns erhalten geblieben ist.

◁ *Detail einer Ballustrade im Jardin de la Fontaine in Nîmes.*

Für Stierkämpfe und Festspiele bildet das guterhaltene Amphitheater in Nîmes aus dem ersten Jahrhundert v. Chr. noch immer einen eindrucksvollen Rahmen. ▷

Seine Erbauung wird Agrippa (63 v. Chr. – 12 n. Chr.), dem Schwiegersohn des Augustus und Minister des Kaisers, zugeschrieben. Das Maison Carrée, das wunderbarerweise die germanischen Invasionen unbeschadet überstanden hat, diente in späteren Zeiten als Rathaus, Versammlungssaal, als Stall und als Kirche. Colbert, der Minister Ludwigs XIV., soll von dem Tempel so beeindruckt gewesen sein, daß er mit dem Gedanken spielte, ihn Stein für Stein nach Versailles bringen zu lassen. Heute ist er ein Museum, in dem lokale Kunstwerke ausgestellt sind. Bedeutend sind darin vor allem die Fragmente eines monumentalen »Adlerfrieses« und eine »Venus von Nîmes« mit in die Ferne gerichtetem Blick, deren klassische Hüften züchtig von einem in schweren Falten gerafften Tuch umschlungen sind. Das Maison Carrée gehört zu jenen Bauwerken, die man nie müde wird zu betrachten. Sieht man es am Abend im Licht der Scheinwerfer wieder, wenn das Licht es von seiner Umgebung isoliert und gleichzeitig die hellenische Eleganz seiner Linien unterstreicht, scheint es unter dem Sternenhimmel des Midi zu schweben.

Zweiter Halt auf diesem römischen Parcours: die Arena. Man gelangt zu ihr vom Maison Carrée aus über den Boulevard Victor Hugo, der belebten, mit einladenden Terrassencafés gesäumten Hauptader der Stadt. Les Arènes von Nîmes, seiner Größe nach an zwanzigster Stelle unter den siebzig noch bestehenden römischen Amphitheatern, ist jenem in Arles sehr ähnlich, jedoch sehr viel besser erhalten. Wie im letzteren finden auch in ihm Stierkämpfe statt, die jenen in Spanien in nichts nachstehen. Die »temporada«, die Saison, die die besten Stierkämpfer Spaniens auf den Plan ruft, wird Pfingsten mit der traditionellen, fünf Tage währenden »Feria« (Jahrmarkt) eröffnet und dauert bis Ende September. Als die Stierkämpfer zu Beginn des letzten Jahrhunderts sich im Süden Frankreichs durchzusetzen begannen, geschah das nicht ohne den Widerstand von Paris. Noch am 14. Oktober 1894 nahm der große okzitanische Schriftsteller Mistral an einer Protest-Corrida teil, die man gegen den Beschluß der Regierung, Stierkämpfe zu verbieten, organisiert hatte.

Vom Platz der Arena geht man weiter zur anschließenden Place de la Libération mit seinem monumentalen Brunnen, der die Stadt Nîmes verkörpert, umrahmt von vier allegorischen Figuren. Er ist eine Arbeit des Genfer Bildhauers Pradier (1792–1852), Abkömmling einer aus dem Languedoc stammenden protestantischen Familie, die nach der Aufhebung des Edikts von Nantes in die Schweiz floh. Pradier, auch als »letzter Grieche« bezeichnet, schuf ein Werk voller Eleganz und klassischer Klarheit, das sich harmonisch in das Stadtbild dieses französischen Roms einfügt.

Andere römische Spuren finden wir in den Gärten der Quelle (Jardin de la Fontaine), die von den Ruinen des Tour Magne überragt werden, einem militärischen Zwecken dienenden Bau und Teil der unter Augustus angelegten Befestigung der Stadt. Zu Beginn des 17. Jahrhunderts glaubte ein Gärtner namens Traucat einer Weissagung des berühmten provenzalischen Astrologen Nostradamus und durchwühlte den Boden unter dem Turm in der Hoffnung, dort einen verborgenen Schatz zu finden. Dieses abenteuerliche Unternehmen bedeutete zwar seinen Ruin, hat aber dafür gesorgt, daß sein Name der Nachwelt erhalten blieb.

Nachdem man den herrlichen Ausblick vom Tour Magne genossen hat, der den von Petrarca bestiegenen Mont Ventoux, die Alpilles und die Garrigues umfaßt, geht man durch die Gärten der Quelle mit ihren schattenspendenden Pinien und Zedern, die sich in romantischen Teichen spiegeln, wieder hinab in die Stadt. Man weiß, welche Bedeutung für die Römer die Versorgung ihrer Städte mit Wasser hatte. Sie sorgten dafür, daß es reichlich und in guter Qualität floß. Die zahlreichen Aquädukte aus römischer Zeit zeugen noch heute davon. Das Trinkwasser für Nîmes kam aus einer bei Uzès gefaßten Quelle und legte einen etwa fünfzig Kilometer langen Weg zurück. Das ausströmende Wasser erreichte um 20000 Kubikmeter pro Tag.

Der Pont du Gard, durch Bilder, Zeichnungen, Photographien oder literarische Beschreibungen zu höchstem Ruhm gelangt, ist das Meisterwerk aller Aquädukte. Mit jenem von Segovia in Spanien ist es wohl eines der beeindruckendsten Bauwerke dieser Art, die uns Rom hinterlassen hat. Auf Anordnung von Napoleon III. wurde es restauriert und seine antike Großartigkeit wiederhergestellt. Aber damit wurde es gleichzeitig des romantischen Zaubers beraubt, der von Ruinen auszugehen pflegt, wie ihn noch der bayerische Maler und Graphiker Georg von Dillis (1759–1841) in seinen Skizzen eingefangen hat. Heute ist der Pont du Gard zu einem der großen touristischen Pilgerzentren des Midi verfremdet. Während der Sommerferien, wenn hier ohne Unterlaß Ströme von Besuchern ankommen, hat man den Eindruck, vor einem Museumsstück zu stehen, das Archäologen bewußt in diese bewundernswerte Landschaft gestellt haben. Es besteht eine Art Widerspruch zwischen der vollkommenen körperlichen Heraufbeschwörung der Vergangenheit und dem Gedränge der Menschen an diesem Ort, der an Berühmtheit gewonnen hat, was er an Charme verlor.

Uzès, nur fünfzehn Kilometer weit entfernt, hat sich erfreulicherweise eben diesen Charme erhalten können. Die kleine Stadt, die stolz darauf sein kann, das erste Herzogtum Frankreichs gewesen zu sein, errichtete ihre hohen Türme in einer Landschaft mit Pinien, Eichen und Olivenbäumen. Schon der

Das römische Maison Carrée in Nîmes zeigt noch starke Einflüsse griechischer Baukunst. Umgeben ist der Tempel von 30 korinthischen Säulen mit Akanthuskapitellen.

Am Ende der berühmten Gartenanlage des Peyrou (17./18. Jh.) führen Treppen zu einem kleinen Wasserschloß.

junge Racine, der hier in den Jahren 1601 und 1602 weilte, lobte die Klarheit des Himmels und die Schönheit ihrer Nächte. Und André Gide, der hier einen Teil seiner Kindheit verbracht hat, meinte, läge die Stadt nur in Umbrien, so würden die Pariser scharenweise herbeieilen. Danach erklärten sich die zuständigen Behörden bereit, die Stadt zu erhalten und zu restaurieren, und wenn der Massentourismus sie bis jetzt auch ausgespart hat, so kommen heute doch sicher sehr viel mehr Besucher als zu jener Zeit, als André Gide sein »Si le grain ne meurt« schrieb. Man beschrieb Uzès als barock, feudal und romantisch. Feudal wegen seiner Ursprünge – das Haus Uzès geht auf Karl den Großen zurück –, barock wegen seiner Herrenhäuser, romantisch wegen seiner malerischen und selbst im August angenehm kühlen Gassen.

Wie so viele Städte des Languedoc hatte auch Uzès, wo die Reformation 1540 verbreitet wurde, grausam unter den Religionskriegen zu leiden. Jenen Kriegswirren fiel unter anderem die alte romanische Kathedrale zum Opfer, an deren Stelle man im 17. Jahrhundert die neue Kirche erbaute. Im 19. Jahrhundert wurde ihre Fassade im neoromanischen Stil erneuert, was ihr einen leicht kulissenhaften Ausdruck verleiht. Glücklicherweise entging der Tour Fenestrelle, ein eleganter runder Campanile neben der Kirche aus dem 12. Jahrhundert – ein in Frankreich einmaliges Exemplar – der Vernichtungswut der Fanatiker. Nicht nur der Campanile erinnert an Italien. Die Silhouette der Stadt mit ihren Donjons und Türmen läßt von weitem gesehen an Städte der Toskana oder Umbriens denken.

Es gibt jedoch noch sehr viel mehr Sehenswertes in Uzès: die sehr schönen Herrenhäuser aus dem 16. und 17. Jahrhundert,

Noch immer strahlt die Promenade du Peyrou, an deren Ende sich der 1691 errichtete Arc de Triomphe erhebt, Eleganz und Würde aus.

die Kirche St.-Etienne mit einem romanischen Turm aus dem 13. Jahrhundert, den alten Marché aux Herbes (Gewürzmarkt) mit seinem Springbrunnen und den Arkadengängen und allem voran das Schloß La Maison d'Uzès, bemerkenswert wegen seiner Renaissance-Treppe, dem Waffensaal, der Bibliothek und dem Salon im Louis-XV-Stil. Die hier wachsenden Kastanien sollen die schönsten Frankreichs sein. Sie krönen die alten Wälle und den Belvedère, von wo der Blick bis zu den Hügeln der Garrigues geht. Abends, wenn sie eingehüllt sind in den Gesang der Zikaden, ist man wieder einmal verzaubert von der Schönheit einer südlichen Nacht.

Montpellier ist eine der seltenen Städte des Midi, die keine römische Geschichte haben. Vielleicht geschah es daher aus antiker Nostalgie, daß hier vom 17. bis 19. Jahrhundert ein Triumphbogen, auf dem Ludwig XIV. in der Gestalt des Herkules einen England symbolisierenden Löwen niederstreckt, ein Aquädukt, ähnlich dem Pont du Gard, und ein Reiterstandbild des Sonnenkönigs in der Haltung eines römischen Kaisers entstanden sind. Alle diese Denkmäler befinden sich an der zu Recht berühmten prächtigen Promenade du Peyrou, der »Zierde Montpelliers«. Sie entstand 1689 nach den Plänen des Architekten Aviler, einem Schüler von François Mansart (1598–1666), zu einer Zeit, als sich die Stadt daranmachte, die verheerenden Folgen der Religionskriege zu beseitigen. Im Westen weitet sich die Promenade du Peyrou zu einer zweistöckigen Terrasse, zu der Treppen mit schönen geschmiedeten Gittern hinaufführen. Von hier genießt man eine herrliche Aussicht auf die Cevennen und den Mont Ventoux. Kaum hundert Meter von der Promenade du Peyrou entfernt, liegt der 1593 von Heinrich IV. gegründete botanische Garten. Auf

den mit Palmen, Mittelmeerpinien und immergrünen Eichen gesäumten Wegen dieses bezaubernden und romantischen Gartens promenierten Paul Valéry, André Gide und Valéry Larbaud. Ganz nahe und in scharfem Gegensatz zu der Lieblichkeit des Jardin des Plantes stehend, erhebt sich die strenge, festungsähnliche Kathedrale, die den daneben befindlichen eleganten Bau der berühmten alten medizinischen Fakultät schier erdrückt.

Immer schon genoß Montpellier den Ruf, eine gastfreundliche Stadt zu sein. Die Troubadoure im 12. Jahrhundert, die Santiago-Pilger, die wußten, daß sie hier gute Quartiere und Sicherheit finden würden, später die lombardischen Geldwechsler, die jüdischen Händler, die arabischen Handwerker, die sich in ihr niederließen, und vor allem die Studenten, die aus allen Teilen Europas von dem Ruf ihrer Universität angezogen wurden, waren der Stadt willkommen. Die Gründung der weltberühmten Universität wurde 1289 durch eine Bulle des Papstes Nikolaus IV. sanktioniert. Petrarca studierte an ihr von 1317 bis 1324 Recht, Rabelais und Nostradamus im 16. Jahrhundert Medizin und Vesalius Anatomie. Damals behauptete der französische Humanist Joseph Scaliger (1540–1609): »Es gibt keinen anderen Ort, wo man seine Tage so angenehm verbringen kann«. Zweifellos war das Wohlleben, das immer ein charakteristisches Merkmal dieser Stadt war, Schuld daran, daß ihre Einwohner so wenig Begeisterung für die strengen Lehren der Sekte der Albigenser aufbringen konnten, die im Mittelalter im Languedoc so erfolgreich waren.

Selbstverständlich kannte auch Montpellier im Laufe seiner Geschichte düstere Zeiten. So mußte die Stadt zum Ende des 14. Jahrhunderts eine ganze Serie von Katastrophen erleiden, von Überschwemmungen, Überfällen durch entlassene Soldaten, Hungersnöten bis zur Pest. Um dieser Unglückssträhne ein Ende zu setzen, brachten die Einwohner der Jungfrau eine monströse, 3762 Meter, andere behaupten 3888 Meter lange Wachskerze dar, die, aufgerollt auf einen Zylinder, drei Jahre lang vor dem Altar der Kirche Notre Dame brannte. Diese Ausdauer wurde belohnt. Das Unheil nahm ein Ende, der Wohlstand nahm wieder zu. Nur noch einmal wurde er von den Religionskriegen unterbrochen, um sich dann endgültig durchzusetzen, als Montpellier unter Ludwig XIV. Verwaltungshauptstadt des Unteren Languedoc wurde. Aus dieser Zeit stammen die bemerkenswertesten Verschönerungen der Stadt, die dazu beitrugen, ihr das noble und zugleich heitere

Place de la Comédie in Montpellier mit dem Brunnen der drei Grazien (links), dem Theater und Straßencafés. △

◁ *In allen Städten Südfrankreichs findet man alte Herrenhäuser mit reich gestalteten Fassaden.*

Gesicht zu verleihen, das sie bis heute bewahrt hat. Sowohl Luftkurort wie Kunststadt, Universitäts-, Kultur-, Handels-, Wein- und Industriezentrum, hält sie den Wachstumsrekord unter den französischen Städten, dem sie jedoch keineswegs ihre Traditionen und ihre schöne Umgebung geopfert hat. 1974 wurde sie dafür mit dem Großen Preis für Lebensqualität belohnt. Eine der jüngsten und großartig gelungenen Leistungen der Stadt ist die Wiederinstandsetzung des nur wenige Schritte von der Place de la Comédie gelegenen Altstadtviertels Ancien-Courrier, das langsam ausstarb. In den liebevoll restaurierten Häusern der engen und malerischen Gassen haben sich inzwischen Boutiquen, Kunstgalerien, Maler und Bildhauer, Antiquare, Buchhandlungen und dazwischen manch gutes Restaurant etabliert.

Marschall Rommel soll einmal in *Cap d'Agde* gewesen sein und bei dieser Gelegenheit sein Erstaunen geäußert haben, daß man die besondere Lage und Schönheit dieses Teils der Küste noch nicht gewinnbringend genutzt habe. Das ließ man sich nicht zweimal sagen. Der Anfang war allerdings mehr als bescheiden. Die Gebrüder Oltra besaßen einen Streifen Land hinter den Dünen und bauten in den fünfziger Jahren eine Reihe sehr einfacher Bungalows, dazu einen Lebensmittelladen und eine Art Refektorium, das sie pompös Restaurant tauften. Sie umgaben alles mit einem Zaun, und das Freikörperkulturzentrum Helio-marin war geboren. Die Freundlichkeit der Besitzer, die Sonne, der feinsandige Strand und die Baumaßnahmen im Rahmen des Verbesserungsplanes für die Küste des Languedoc sorgten für den Erfolg. Heute ist das Cap d'Agde zu einem riesigen Nudistenkomplex mit jedem Komfort angewachsen und mit dem Hinterland durch breite, die früheren holprigen Wege ersetzenden Zufahrtsstraßen verbunden. Während Cap d'Agde seinen unwiderstehlichen Aufstieg weiterverfolgt, lebt die kleine Stadt *Agde,* um ihre alte romanische Festungskathedrale am Ufer des Hérault gedrängt, weiter »wie in guten alten Zeiten«. Jung und alt spielt Boule im Schatten der Platanen, die Fischer entladen

ihren Fang noch auf den Kais des alten Hafens, und in der Bäckerei Peyre wird weiterhin mit Holzfeuer gebacken.
In einem Zeitraum von zwanzig Jahren hat die Küste des Languedoc tiefgreifende Änderungen erfahren. Vom Golf von Aigues-Mortes bis zu den Salzlagunen reiht sich heute eine Kette von neuen Badeorten, Vergnügungshäfen, Wassersportzentren und Pfahlbaustädten. *La Grande Motte,* dessen futuristische Architektur sich an einem Ort erhebt, wo noch vor einigen Jahren zwei Gutshöfe sich einen sumpfigen Landstreifen teilten, ist eine der spektakulärsten Neuschöpfungen und Ausdruck des Willens des Staates, den Feriengästen eine touristische Alternative zur Côte d'Azur zu bieten. Mit 60000 Einwohnern im Sommer und 3000 im Winter existiert La Grande Motte ausschließlich für die Ferien – äußerst moderne Ferien in einer Umgebung fremdartiger Strukturen. Die Gebäude mit den ausgehöhlten Fassaden, die dazu geschaffen scheinen, »reclining figures« von Moore aufzunehmen, die

20 Kilometer von Montpellier entfernt, dort wo vor dem Krieg nur Sumpfland war, erheben sich die Pyramiden von La Grande Motte.

pyramidenförmigen Blöcke und die Kirche, deren Glocke in einer Betonschleife hängt, machen aus La Grande Motte eine Stadt, die den Besucher gleichzeitig fasziniert, erstaunt und verwirrt.
Gemeinsam ist den neuen Badeorten des Unteren Languedoc ihre Entstehungszeit. Sie unterscheiden sich durch ihre Ausführung, ihr Publikum und die Eigentümlichkeiten ihres Hinterlandes. La Grande Motte, hypermodern, wo die Anonymität groß geschrieben wird, ist das Gegenteil von *Gruissan-Plage.* Letzterer ist einer der jüngsten Badeorte, harmonisch und mit Geschmack gestaltet, in dem ein eigenartiger, neuer Haustyp mit tonnenartig gewölbten Dächern vorherrscht. Das ganz nahe gelegene alte Fischerdorf gleichen Namens, von

Fischer in Sète, dem siebtgrößten Handelshafen Frankreichs, aber dem größten Fischereihafen Südfrankreichs.

dem aus kaum noch ein Boot zum Fischfang aufs Meer hinausfährt, gerät von Jahr zu Jahr mehr ins Abseits. Gruissan ist der bevorzugte Strand der Narbonner, die im Herbst an ihm große familiäre »Sardinaden« (große Sardinenessen) veranstalten. Weiter im Süden vereint *Port-la-Nouvelle* Industrie und Tourismus.

Sète, mit seinem malerischen und belebten alten Hafen, hat – zweifelsohne entmutigt durch die übermächtige Konkurrenz von Agde – die Unterkünfte an seinem Strand kaum modernisiert und wird daher heute fast nur noch von den Bewohnern Sètes besucht. Nun fährt man auch nicht nach Sète, um zu baden, sondern um die ausgezeichneten Austern zu kosten, die an den Kais serviert werden. Anschließend kann man einen kleinen Spaziergang zu dem Cimitière marin machen, dem Friedhof, auf welchem Paul Valéry (1871–1945), Sohn dieser Stadt, ruht.

Die Austern und Meeresfrüchte, die man in Sète serviert bekommt, stammen aus dem Becken von Thau, das im Nordosten an die Stadt grenzt. In dieses Becken – das größte an der Küste des Unteren Languedoc – mündet der Canal du Midi, von dem einmal gesagt wurde, er sei ein Kanal für Poeten; vielleicht, weil auf ihm die Kähne zwischen endlosen Platanenreihen ihrem Ziel entgegengleiten. Der Canal du Midi, der das regenreiche Aquitanien mit dem mediterranen und sonnigen Languedoc verbindet, wurde unter Ludwig XIV. von dem Ingenieur Paul Riquet (1604–1680) gebaut, der bei diesem zu jener Zeit gigantesken Unternehmen sein Vermögen und seine Gesundheit einbüßte. Seine Geburtsstadt *Béziers* hat ihm von dem Bildhauer David d'Angers eine Statue errichten lassen und ihm eine ihrer schönsten Promenaden gewidmet,

die in den Jardin des Poètes mündet, einen hübschen Park, der mit Büsten von Dichtern und Schriftstellern des Languedoc geschmückt ist. Denn Béziers hat zu allen Zeiten den Umgang mit den Musen gepflegt, vielleicht um die Schrecken zu vergessen, die es wegen seiner Toleranz im Laufe seiner Geschichte erdulden mußte. Der Troubadour Marfre Ermangau verfaßte hier eine Art Enzyklopädie der Liebe, die »Breviari d'Amor«, und Simon de Montfort mordete unter dem Vorwand, die Lehren der Albigenser ausrotten zu wollen, die gesamte Bevölkerung hin; dann ließ er die Stadt plündern und setzte sie in Brand. Später mußte sie die Religionskriege des 16. Jahrhunderts und die Bestrafungen und Verfolgungen, die dem Staatsstreich Napoleons III. am 2. Dezember 1851 folgten, erleiden.
Béziers, heutzutage die Weinhauptstadt des Languedoc, wird vom großen Fremdenstrom etwas vernachlässigt. Es verdient jedoch mit seinen den katalanischen Ramblas ähnelnden Avenuen, der für ihre Stierkämpfe berühmten Arena, der romanisch-gotischen, befestigten Kathedrale Saint-Nazaire hoch über der Stadt und vor allem wegen seines so typisch südlichen Flairs mehr als nur den flüchtigen Blick, den die vorbeieilenden Autofahrer aus der Ferne auf die kühne, einem Alkazar nicht unähnliche Silhouette der Stadt werfen.
Etwa vierzig Kilometer nach Montpellier verlaufen die Autobahn und die alte Nationalstraße in Richtung Narbonne mit einigen Kilometern Abstand parallel nebeneinander her. Wählt man die Nationalstraße, so spart man sich nicht nur die Autobahngebühr, sondern hat auch die Gelegenheit, die reizende kleine Stadt *Pézenas* zu besuchen, in der sich Molière mit seiner Theatergruppe von 1650 bis 1657 häufig aufgehalten hat. Pézenas mit seinen an die sechzig unter Denkmalschutz stehenden Gebäuden und seinem alten Getto ist seit dem 14. Jahrhundert intakt geblieben und verdient sehr wohl den Titel »Museumsstadt«, den ihm der französische Schriftsteller und Diplomat Wladimir d'Ormesson verliehen hat. Tatsächlich ist diese zwischen dem 14. und 18. Jahrhundert gewachsene Stadt mit ihrer historischen Geschlossenheit, an der sich bis heute nichts geändert hat, ein Sonderfall und ihre Besichtigung besonders empfehlenswert.
118 v. Chr. unter dem Namen Narbo Martius gegründet, entwickelte sich *Narbonne* im 1. Jahrhundert zu einer Metropole. Als Hauptstadt des römischen Gallien war sie nicht nur die »am meisten handeltreibende, bunteste, lärmendste, turbulenteste Stadt ganz Galliens«, sondern auch ein bedeutendes intellektuelles Zentrum, das von den Dichtern Martialis und Ausonius gepriesen wurde. Angezogen vom Glanz der Stadt, den sie sich bis in die späte Römerzeit hinein erhalten konnte, machten die Westgoten sie zur Hauptstadt ihrer Besitzungen nördlich der Pyrenäen. Drei Jahrhunderte später wurden jene von den Sarazenen vertrieben, die ihrerseits von 719 bis 759 Narbonne zur Ausgangsbasis für ihre Raubzüge in der Provence machten. Nach der Befreiung von den Muselmanen durch Pippin den Kleinen (715–768) kam die Stadt während des Mittelalters erneut zu Wohlstand und hatte das Glück, von dem Kreuzzug gegen die Albigenser verschont zu bleiben. Narbonne war zu jener Zeit eine große Handelsstadt mit 50000 Einwohnern, in der eine bedeutende jüdische Kolonie gedieh und in der die Troubadoure eine warmherzige Aufnahme fanden. Ihr Niedergang begann im 14. Jahrhundert, begleitet von schrecklichen Überschwemmungen, Epidemien, Bränden und Plünderungen der Soldateska, und im Jahr 1348 zählte sie nur noch 5000 Seelen. 1507 kam die Stadt wieder zur Krone von Frankreich.
Aus dieser zugleich glorreichen und bewegten Geschichte hat die Stadt eine Gruppe von Bauwerken erhalten, die sie in den Rang einer der großen Kunststädte Frankreichs erheben. Ist die Römerzeit fast ausschließlich in den wunderbaren Sammlungen der Antikengalerie, dem Musée Lapidaire, dem wichtigsten nach Rom, präsent, so ist die Bischofsstadt prächtig vertreten durch den Alten erzbischöflichen Palast, der größtenteils romanisch ist, und den Neuen Palast aus dem 14. Jahrhundert. Beide stehen im Schatten der mächtigen Kathedrale Saint-Just, einem Hauptwerk der flamboyanten Gotik. Dieses Gotteshaus, dessen Gewölbe eine Höhe von 41 Metern erreichen und das sich darin mit den größten Kathedralen Frankreichs vergleichen kann, besitzt einen der prächtigsten Altaraufsätze des Landes. Hier befindet man sich im Herzen der Altstadt mit ihren gewundenen und malerischen Straßen, an denen es so manche schöne Fassade zu bewundern gibt und deren berühmteste dem Maison des Trois Nourrices gehört, einem wahren Edelstein der Renaissance. Ein paar Schritte weiter wurde die Basilika Saint-Paul-Serge erbaut, die den Namen des ersten Bischofs von Narbonne trägt. Entstanden zwischen dem 12. und 14. Jahrhundert, wurde sie in der Folgezeit mehrmals gründlich umgebaut. Ihre größte Attraktion ist ein Weihwasserkessel, den ein Frosch schmückt.
Hat man die Altstadt gesehen, wirft man noch schnell einen Blick in die Markthalle, zwischen deren mit Früchten, Gemüse, Fleisch, Geräuchertem und Käse angehäuften Ständen bis zum Mittag eine fieberhafte Aktivität herrscht. Vielleicht hat man dann Lust, einen Aperitif in einem der Cafés auf dem Platz vor dem Rathaus zu trinken. Man erreicht ihn über den Cours Mirabeau oder den Cours de la République, die beide mit ihren schattigen Terrassen am Canal de la Robine entlangführen, in dem schon die römischen Galeeren nach ihrer Rückkehr aus dem Orient anlegten.

An der Stelle der alten Kathedrale von Béziers, die von der Soldateska des Simon de Montfort 1209 niedergebrannt wurde, entstand Ende des 13. und zu Beginn des 14. Jh. die heutige Kirche, die wie eine Festung die Stadt und ihre Umgebung beherrscht.

◁ *Das Lapidarium in Narbonne legt Zeugnis ab von der Bedeutung und dem Reichtum dieser alten Hauptstadt des südlichen Galliens.*

Die Cité von Carcassonne ist die bedeutendste erhaltene Befestigung aus dem Mittelalter in Europa. Zusammen mit der Burg haben die zwei Mauern 50 Türme, 4 Wachtürme und 5 Barbakanen (halbkreisförmige Vorwerke). ▷

Folgende Seiten:
S. 140 Quer durch Narbonne, die ehemalige römische Colonia Narbo Martius, verläuft der Canal de la Robine, ein Seitenarm des Canal du Midi. Am Nordufer liegt die Cité der Altstadt mit dem Erzbischöflichen Palast. Der aus verschiedenen Stilepochen bestehende Bau beherbergt heute das Rathaus und zwei Museen.

S. 141 Blick auf das Fischerdorf Bages im Languedoc.

Die Fassade des Palastes Trois Nourrices (1557) in der Altstadt von Narbonne. ▽

Roussillon – Brücke zwischen zwei Kulturen

Französisch Roussillon, katalanisch Rosselló, spanisch Roselló – drei Schreibweisen existieren für ein und dieselbe Region. Für Paris ist das Roussillon die Heimat des Marschalls Joffre (1852–1931), des Astronomen und Physikers François Arago, des Bildhauers Aristide Maillol, ein Zentrum französischen Weinbaus, eine Provinz, die Frankreich fünf Jahrhunderte lang »zurückgewinnen« mußte. Für die Katalanen bedeutet Rosselló die wehmutsvolle Erinnerung an den kurzen Glanz des Königreichs von Mallorca (1262–1344) und die wiedererlangte Einheit unter Pedro IV. von Aragón (1319–1387), als es dem Principat de Catalunya eingegliedert wurde. Und nach dem Spanischen Bürgerkrieg von 1936 bis 1939 wurde es für Tausende von katalanischen Flüchtlingen das Land ihrer Wahl. Für Madrid war es während der französisch-spanischen dynastischen Kämpfe des 15., 16. und 17. Jahrhunderts vor allen Dingen eine Art Wechselgeld. Den Autoritätsanspruch Kastiliens wie auch den französischen König ablehnend, hat sich das Roussillon mit der gleichen Energie gegen die Schikanen Ludwigs XI., der die Region einem harten Regime unterwarf, zur Wehr gesetzt wie gegen den Zentralismus Madrids nach der Rückgabe Roussillons und der Provinz Cerdaña an Spanien (Vertrag von Barcelona von 1493), wie auch gegen die Politik der Französisierung, die der endgültigen Angliederung an Frankreich (Pyrenäenvertrag von 1659) folgte. Diese Französisierung, die nach der Unterzeichnung des zweiten Vertrages von Nimwegen (17. September 1678) noch zunahm, stieß auf harten Widerstand bei der Bevölkerung des Roussillon. Noch lange Zeit nach dem Anschluß an Frankreich konnte der Gouverneur Barrilon bemerken: »In Fragen der Mode und des Geschmacks gilt nur, was aus Barcelona kommt.«

Heute politisch, wirtschaftlich und kulturell in das französische Gemeinwesen integriert, hat das Roussillon dennoch niemals die sentimentalen Bande zu Katalonien durchschnitten. Zwar begann sich um 1700, besonders bei den gehobenen Bevölkerungsschichten, auch die französische Sprache durchzusetzen, das einfache Volk jedoch spricht weiter Katalanisch. Im 18. und 19. Jahrhundert versuchten Gelehrte, Schriftsteller und Dichter, die katalanischen Traditionen neu zu beleben. Unter ihnen waren Miguel de Ribes (1731–1799), der die Tragödien Racines und Corneilles ins Katalanische übersetzte, Justin Pepratx (1828–1901), der Apostel der katalanischen Renaissance, Albert Saisset (1842–1894) und Josep Bonafont. Sie alle hatten jedoch nur begrenzten Erfolg. Anfang des 20. Jahrhunderts gab es bereits weit mehr französisch als katalanisch schreibende Autoren. 1939 verschoben die zahlreich ankommenden katalanischen Flüchtlinge aus Spanien das bestehende Mißverhältnis ein wenig zugunsten des Katalanischen, und später brachte die erwachende regionale Gesinnung, die nach dem Zweiten Weltkrieg in ganz Europa zu spüren war, die katalanische Kultur wieder zu Ehren. Beispiele dafür sind vor allem in Perpignan und Prades, wo der große Musiker Pau (Pablo) Casals bis kurz vor seinem Tod (1973 in Puerto Rico) lebte, zu finden.

Roussillon, eine Region, deren Ursprünglichkeit unbestreitbar ist, das Land zwischen Frankreich und Spanien, ist nicht mehr ganz Frankreich und noch nicht Spanien. »Hier fließt Spanien nach Frankreich über«, schrieb der Engländer Archibald Lyall. Genauer gesagt, das katalanische Spanien.

Wenn es ein Paradebeispiel für eine franko-katalanische Stadt gibt, dann ist dies *Perpignan.* Man tanzt die Sardana genauso gut wie in Barcelona, die zum Frühstück servierten Croissants jedoch sind eindeutig französischer Machart. Die Atmosphäre auf der Platanenpromenade mit ihren Blumenständen ist die gleiche wie auf den katalanischen Ramblas, aber man braucht nur den Blick zu erheben und die Fassaden der sie einsäumenden Häuser anzusehen, schon befindet man sich wieder in Frankreich. Und wenn die Loge de Mer in manchem an die Lonja in Valencia erinnert – die gegenüberliegende Bar kann einen nicht täuschen. Man ist hier mitten in Frankreich, auch wenn die französische Unterhaltung der Ricard trinkenden Gäste des Straßencafés eher katalanisch klingt. Die Nouvelles Galeries sind eine kleine Ausgabe des großen Pariser Kaufhauses, und die Verkehrspolizisten regeln den Verkehr, ohne den lieben langen Tag ihre Trillerpfeife zu betätigen wie ihre Kollegen auf der anderen Seite der Pyrenäen. Neben dem Castillet, auf dem die katalanische Fahne flattert und in dem heute ein sehr interessantes regionales Kunst- und Folkloremuseum untergebracht ist, steht das für französische Provinzstädte typische Offizierskasino. Auch die Straßennamen spiegeln diese Qualität wider: Die Straße des katalanischen Theologen Ramón Llull liegt neben der Straße Montesquieus, der Quai de Barcelone neben dem Quai Vauban. Es gibt einen Place de Catalogne, eine Avenue des Baléares, eine Straße der Könige von Mallorca.

Perpignan zählt heute etwa 120000 Einwohner und ist keine Stadt, die den Besucher sofort für sich einnimmt. Sie besitzt nicht den Nimbus künstlerischer und historischer Bedeutung wie die Städte der Provence. Zudem ist sie durch ihre Lage an der Straße nach Spanien, die jährlich Millionen von Touristen auf ihrem Weg zur iberischen Halbinsel befahren, eher benachteiligt als begünstigt. Die meisten Reisenden haben es eilig, zu ihrem Ziel zu kommen, und übernachten lieber in

△ *Perpignan, Handelszentrum für Wein und Frühgemüse im Roussillon, wurde bereits 1601 Bischofssitz. Seither dient die Kirche Saint-Jean, zu der schon 1324 der Grundstein gelegt worden war, als Kathedrale. Ihr Turm wird von einer schön geschmiedeten Glokkenhaube (1743) gekrönt.*

Die Sardana, traditioneller katalanischer Volkstanz, hat im Roussillon wieder stark an Beliebtheit gewonnen. Hier haben sich die Tänzer auf dem Place-de-la-Loge-de-Mer im historischen Zentrum Perpignans versammelt.

einem der an der Autobahn gelegenen Hotels. So teilt Perpignan das Schicksal manch anderer Durchgangsstadt, die man mehr zufällig als gewollt entdeckt, um nachher zu bedauern, sie nicht früher gekannt zu haben. Als Provinzhauptstadt von zurückhaltendem Charme, hat sie es verstanden, ihre südländische Vitalität in den richtigen Grenzen zu halten. Sie ist unaufdringlich gastfreundlich, im Herzen katalanisch, im Geist jedoch zweifellos französisch.

Wie man in Venedig die erste Fühlungnahme mit der Stadt am besten in einem der Terrassencafés auf dem Markusplatz herstellt, so sollte man in Perpignan vor dem Besuch der Altstadt auf dem Platz vor der Loge, die ihren Namen der vormaligen Loge de Mer verdankt, haltmachen. Die Loge wurde 1397 erbaut und beherbergte die Börse und das Consulat de Mer. Sie ist Zeuge einer Epoche großen kommerziellen und künstlerischen Reichtums, der nach der Invasion des Roussillon durch die französischen Truppen und die rücksichtslose Herrschaft Ludwigs XI. ein abruptes Ende nahm. Die Loge ist ein eleganter, rechteckiger spätgotischer Bau, der den Einfluß Barcelonas erkennen läßt. Heute ist auch ein Café in ihm untergebracht, dessen Terrasse auf den Platz hinausgeht. Dieser wird beherrscht von der üppig-sinnlichen Venus des aus dem Roussillon stammenden Bildhauers Aristide Maillol (1861–1944), laut Bénézit »einer der größten Künstler aller Zeiten und aller Länder«.

Ebenfalls von Maillol stammt die Bronzefigur »La Mediterranée«, eines seiner Meisterwerke, die sich harmonisch in den Hof des Hôtel de Ville aus dem 16. Jahrhundert einfügt. Mit dem Bau des eigentlichen Rathauses wurde im 13. Jahrhundert begonnen, dessen letztes Viertel mit jenem unvergleichlichen, wenn auch kurzlebigen künstlerischen Aufschwung begann, den Perpignan unter dem Mäzenatentum der Könige von Mallorca, insbesondere unter Jakob I. (1276–1311) und Jakob II. (1324–1344), erlebte. Aus jener Zeit stammen der Palast der Könige von Mallorca, ein schönes, mittelalterliches Gebäude, das in der Folge von den Ingenieuren Louis' XI., Karls V. und Vaubans mit einem Befestigungsring umschlossen wurde, und die alte Kirche der Könige von Mallorca, Sainte-Marie-la-Real (1307). Von der Loge de Mer, dem Hôtel de Ville und dem Palast der Diputation, die zusammen ein großartiges Ensemble mittelalterlicher Baukunst bilden, macht man einen kleinen Abstecher über die alte Rue des Mercaders, heute Rue des Marchands, mit ihren schönen Häusern aus dem 13., 14. und 15. Jahrhundert zur Place Gambetta, an der die Kathedrale Saint-Jean steht. Ihre Fassade besteht wie die des Hôtel de Ville und des Palastes der Könige von Mallorca aus runden, geschliffenen Flußkieseln zwischen Backsteinschichten. Seitlich erhebt sich der Glockenturm mit einer geschmiedeten Haube, wie sie in der Provence üblich ist. Entstanden von 1324 bis 1509, strahlt der einschiffige Bau majestätische Würde aus. Im Innern befinden sich einige großartige Altaraufsätze; die schönsten davon sind der Hochaltar in weißem Marmor vom Anfang des 17. Jahrhunderts, jedoch noch im Renaissancestil, sowie im linken Querschiff der Altaraufsatz mit der Darstellung vom Leben des heiligen Peter. Hier befindet sich auch das aus weißem Marmor gehauene Grabmal des ersten französischen Bischofs von Perpignan, Louis de Montmort (1695), und vor allen Dingen das Altarbild »Nostra Senyora de la Mangrana« (um 1500). Für den Rundgang steht eine Ton-Licht-Anlage zur Verfügung, die es ermöglicht, diese Meisterwerke in vollem Licht zu bewundern.

Die rechte Seitentür der Kathedrale führt in eine Gasse, in der die Kapelle mit dem berühmten »Dévot Christ« steht. Es ist ein holzgeschnitzter Christus am Kreuz von geradezu tragischem Realismus, das Gesicht tief gezeichnet vom Schmerz, der zum Skelett abgemagerte Körper läßt den Brustkorb fast abstoßend hervortreten, die ausgezehrten, gekrümmten Beine sind von geschwollenen Adern durchzogen. Diese Figur, eine der ergreifendsten des Mittelalters, entstand zu Beginn des 14. Jahrhunderts und ist wahrscheinlich eine deutsche Arbeit. Bis vor kurzem hielt man sie für das Werk eines Spaniers. Am Karfreitag wird das Kruzifix Teil der nächtlichen Prozession durch die Altstadt Perpignans.

Verblendet vom Weltruhm des Louvre neigen viele Frankreichtouristen dazu, Provinzmuseen zu unterschätzen. Ganz zu Unrecht, denn Frankreich besitzt in allen Regionen vortreffliche. Das Museum von Perpignan, in dem sehr schönen Gebäude der alten Universität aus dem 18. Jahrhundert untergebracht, ist eines davon. Es trägt den Namen des berühmten Porträtmalers Rigaud, der 1659, im Jahr der Unterzeichnung des Pyrenäenvertrages und der endgültigen Angliederung des Roussillon an Frankreich, geboren wurde. Er war katalanischer Herkunft, französisierte aber seinen Namen Rigau y Ros durch Anhängen eines »d« am Ende. Als Hofmaler Ludwigs XIV. und Ludwigs XV. wurde er nicht nur berühmt, es gelang ihm auch, ein beträchtliches Vermögen anzusammeln. Das Museum in Perpignan besitzt zahlreiche Bilder von ihm, darunter eines seiner besten, »Le cardinal de Breuillon ouvrant la porte sainte«. Daneben zeigt das Museum eine interessante Kollektion katalanischer und valenzianischer Primitiver. François Arago (1786–1853) ist eine andere französische Berühmtheit aus dem Roussillon. Neben der Astronomie und Physik widmete er sich auch der Politik. Ihm ist die Abschaf-

Die Pyrenäen bringen dem südlichen, von der Sonne durchglühten Roussillon die frische Luft ihrer wilden Täler. In diesem Teil des Bergmassivs erreicht der Canigou mit seinen 2784 Meter die größte Höhe. Das 450 Kilometer lange und 100 Kilometer breite, landschaftlich eindrucksvolle Faltengebirge bildet die geologische Grenze zu Spanien.

fung der Sklaverei in den französischen Kolonien zu verdanken. Perpignan errichtete ihm ein Denkmal und benannte einen besonders hübschen Platz nach ihm, dessen südliche Atmosphäre in scharfem Gegensatz zu der Kühle und Banalität der modernen Bebauung in der Verlängerung des Platzes steht. Glücklicherweise ist nicht alles Neugeschaffene in Perpignan von der gleichen Einfallslosigkeit. Ein neues Viertel, »Moulin à Vent« (Windmühle), soll hier als besonders gelungenes Beispiel für modernen Städtebau angeführt werden. Harmonisch und locker gegliedert stehen die Häuser zwischen großen Grünflächen, die den ganzen Zauber mediterraner Vegetation ausstrahlen, und schaffen mit der modernen, jedoch ganz auf die Landschaft bezogenen Architektur eine dem Menschen gerechte Umwelt, in der auch alte lokale Traditionen weiterleben können.

In Führern der fünfziger Jahre wird man vergeblich den Namen *Port-Barcarès* suchen. Dort, wo man heute zwischen dem Meer und den Salzteichen, fast an der Grenze zum Languedoc, eines der ausgedehntesten Seebäder des Mittelmeeres geschaffen hat, war vor noch nicht allzu langer Zeit nur mückenverseuchtes Sumpfland. Port-Barcarès ist der jüngste Badeort des Roussillon. In seinem Hafen können mehr als 4000 Boote und Yachten anlegen, und er verfügt über sportliche Einrichtungen, die in Frankreich einmalig sind. Schon in naher Zukunft werde Port-Barcarès das Modellbeispiel einer Freizeitstadt des Jahres 2000 sein, so heißt es in den Prospekten. In den Ort hinein gelangt man auf autobahnähnlichen Straßen, die im Zentrum zu breiten Avenuen werden. Die Häuser, die sie säumen, wiederholen in stereotyper Weise die lokalen traditionellen Architekturformen. Wie in allen Städten am und über dem Wasser führen auch hier Kanäle zum Meer und zu den Salzteichen. Port-Barcarès, das nur von und für seine Sommergäste lebt, hat sich ganz auf den Wassersport, den Komfort, auf moderne Vergnügungen konzentriert. Man findet hier Einkaufsmärkte, Bars, Diskotheken, Nachtclubs, Selbstbedienungsrestaurants und ein in seiner Art einmaliges Casino: es ist in einem auf dem Sand »vor Anker gegangenen« griechischen Passagierschiff untergebracht und sozusagen das Wahrzeichen des Ortes geworden. Man kann sich hier amüsieren, sich entspannen, Sport

Der malerische Hafen von Collioure mit seinem alten Château Royal und seiner Kirche, deren Glockenturm früher als Leuchtturm diente, ist heute ein beliebter Badeort geworden. ▷

Die Lydia (links oben), ein altes griechisches Schiff, das auf dem Sand »vor Anker gegangen« ist, wurde zum Casino von Port-Barcarès, einem Badeort, der sich als »Modellbeispiel einer Freizeitstadt des Jahres 2000« sieht.

◁ *Beschauliche Abendstunde in Collioure.*

treiben und, wenn man will, auch allein sein; aber träumen, so will mir scheinen, kann man hier nicht.
Nur wenige Kilometer von Port-Barcarès entfernt liegt *Salses,* und wer sich für Militärarchitektur interessiert, sollte sich diesen Ort auf jeden Fall ansehen. In dieser kleinen Stadt, die lange Zeit unumgängliche Grenzstadt war zwischen Frankreich und Katalonien und wegen dieser Lage den Beinamen »Thermopylen des Roussillon« erhielt, erbauten die Spanier am Ende des 15. Jahrhunderts eine Festung, die noch heute durch die Schönheit der Linienführung besticht. Salses ist jedoch auch für seinen Weißwein bekannt, ebenso wie das zwölf Kilometer südlich gelegene *Rivesaltes,* wo Marschall Joffre (1832–1931) geboren wurde. Dort bekommt man einen besonders guten Muskateller und ausgezeichnete Artischokken. Darüber hinaus wird Wein fast in der gesamten östlichen Hälfte des Roussillon angebaut. Er spielt jedoch, besonders in den Augen des Auslandes, in der großen Familie der französischen Weine eine untergeordnete Rolle. Eine Ausnahme bil-

det der süße Wein aus *Banyuls-sur-Mer,* der hohes internationales Ansehen genießt. Sicher trägt er auch seinen Teil zu dem guten Ruf dieses reizenden Badeortes bei, der sich malerisch in eine kleine Bucht schmiegt, umgeben von einer Landschaft, die den großen Sohn dieser Region, Maillol, an Griechenland erinnerte.

Die gleiche Landschaft finden wir in *Collioure* wieder. Auch hier Weinhänge, zwischen denen die Straße sich windet; die gleichen, etwas rötlichen Felsen, die Küste ebenso zerklüftet, die gleichen zartgrauen Hügel mit den darin verstreuten weißen Villen. Matisse schien diese Landschaft, die er sehr liebte, immer festlich zu sein. Es waren wohl die Fauves-Maler, die den kleinen Fischerhafen entdeckten, in dem 1939 der große andalusische Dichter Antonio Machado nach seiner Flucht aus den Wirren des Spanischen Bürgerkrieges starb. Zeichnungen und Bilder der heute berühmten Fauves-Maler schmücken die Wände des Hotels und Restaurants »Les Templiers«. Seine schattige Terrasse eignet sich ausgezeichnet, um von einem bequemen Stuhl aus das bunte Treiben im Hafen verfolgen zu können. Aber glücklicherweise ist Collioure noch nicht St.-Tropez. Es ist ein Badeort der Stammgäste, die von der Freundlichkeit der Einwohner, den vernünftigen Preisen, der guten Küche, der Schönheit der Lage und der hier herrschenden Ruhe immer wieder angezogen werden.

Auf halbem Weg zwischen Collioure und Perpignan stößt man auf *Elne,* genannt nach der Mutter des Kaisers Konstantin. Man läßt Argelès-Plage rechts liegen, wo die felsige Côte Vermeille allmählich in lange sandige Strände übergeht, die sich bis zum Languedoc ausdehnen, und fährt dann zwischen flachen Wein- und Gemüsekulturen nach Elne, das in den Wechselfällen der Geschichte des Roussillon eine bedeutende Rolle gespielt hat. Es wäre heute sicher ganz in Vergessenheit geraten, besäße es nicht seine massive Kathedrale aus dem 11. Jahrhundert mit dem wunderbaren Kreuzgang, einem der schönsten Frankreichs. Besonders die südliche Galerie zeigt in einer Folge von Kapitellen die Kunst romanischer Skulptur im Roussillon in all ihrer Kraft, ihrem Realismus und zuweilen auch Seltsamkeit, wie in der Darstellung der Frösche verschlingenden Schlangen. Von der terrassenartigen Esplanade hinter der Kirche, auf der Zigeunerkinder spielen, die ihren Spaß daran haben, sich von Touristen fotografieren zu lassen, genießt man einen schönen Blick auf die Pyrenäen und das Meer.

Zu den schönsten romanischen Baudenkmälern Südfrankreichs ▷ gehört der Kreuzgang in der ehemaligen Kathedrale Ste.-Eulalie in Elne. Er entstand in der Zeit vom 12. bis 14. Jh.

◁ *In dem an der Aude gelegenen Pyrenäendorf Alet-les-Bains zeugen die Reste der ehemaligen Kathedrale von seiner früheren Bedeutung.*

149

Orts- und Namensregister

Alle Ziffern sind Seitenzahlen
Gerade Ziffern = Textverweise
Kursive Ziffern = Bildlegendenverweise

Sachregister

Die Aufnahme der Fondation Aix (S. 112) wurde uns freundlicherweise von Herrn Victor Vasarely zur Verfügung gestellt.

Die Kartenskizze auf dem Vorsatz fertigten Evelyn und Wolfgang Bayer, Großinzemoos, an.

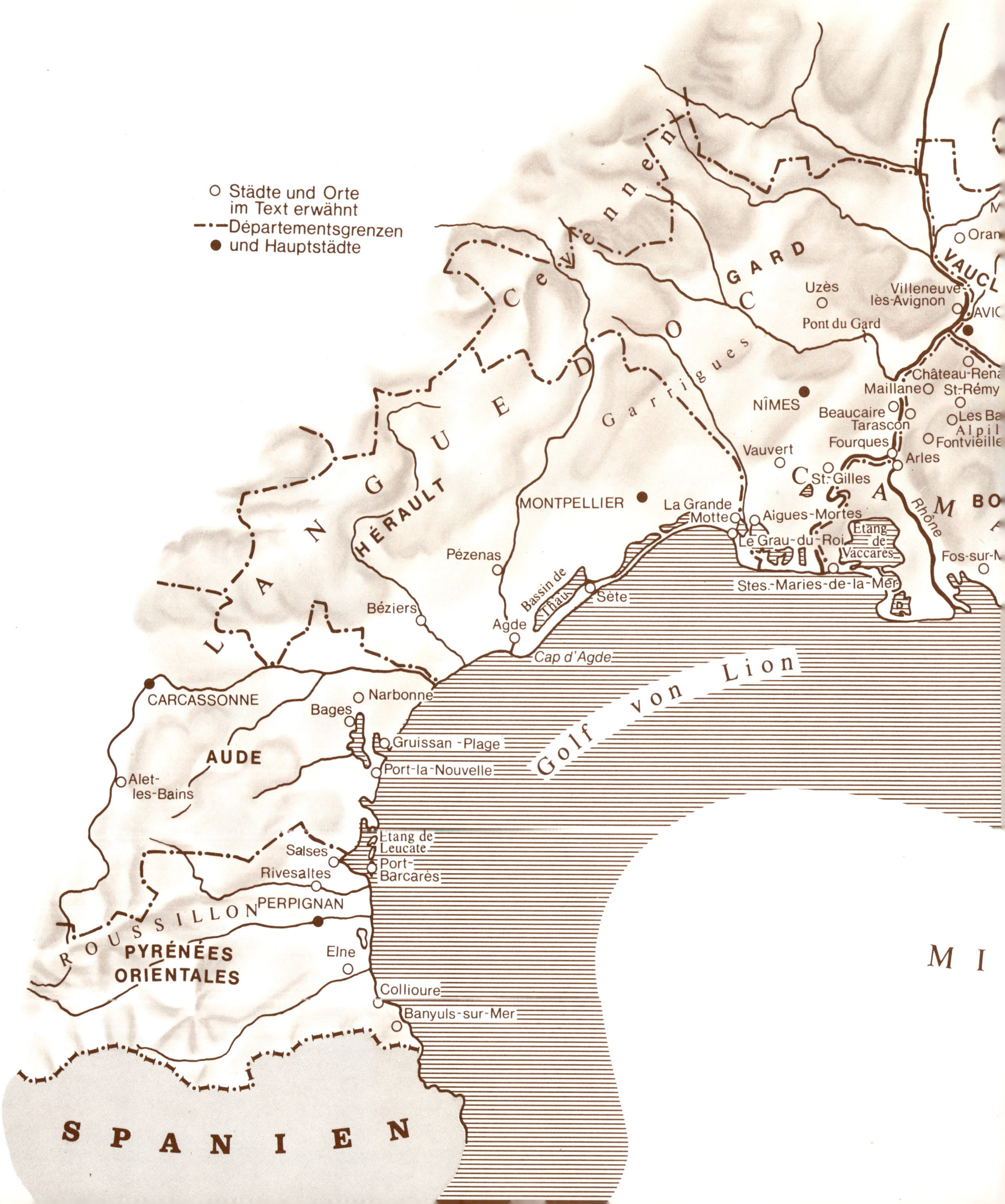

○ Städte und Orte im Text erwähnt
-·-·- Départementsgrenzen
● und Hauptstädte
LANGUEDOC
Cevennen
Garrigues
GARD
HÉRAULT
AUDE
PYRÉNÉES ORIENTALES
ROUSSILLON
CAMARGUE
SPANIEN
Golf von Lion
Uzès
Pont du Gard
Villeneuve lès-Avignon
NÎMES
Beaucaire
Tarascon
Maillane
Fourques
Arles
Rhône
Vauvert
St-Gilles
Aigues-Mortes
Le Grau-du-Roi
Etang de Vaccarès
Stes.-Maries-de-la-Mer
La Grande Motte
MONTPELLIER
Sète
Bassin de Thau
Agde
Cap d'Agde
Pézenas
Béziers
Narbonne
Bages
Gruissan-Plage
Port-la-Nouvelle
CARCASSONNE
Alet-les-Bains
Etang de Leucate
Salses
Port-Barcarès
Rivesaltes
PERPIGNAN
Elne
Collioure
Banyuls-sur-Mer